ILADI 2012: Language Interaction for Elderly in Smart Home

Held at JEP-TALN-RECITAL 2012

Grenoble, France
4-7 June 2012

Editors:

Francois Porter
Gilles Serasset
Michel Vacher

ISBN: 978-1-62276-497-6

Printed from e-media with permission by:

Curran Associates, Inc.
57 Morehouse Lane
Red Hook, NY 12571

Some format issues inherent in the e-media version may also appear in this print version.

Printed by Curran Associates, Inc. (2012)

For permission requests, please contact the Association for Computational Linguistics at the address below.

Association for Computational Linguistics
209 N. Eighth Street
Stroudsburg, Pennsylvania 18360

Phone: 1-570-476-8006
Fax: 1-570-476-0860

acl@aclweb.org

Additional copies of this publication are available from:

Curran Associates, Inc.
57 Morehouse Lane
Red Hook, NY 12571 USA
Phone: 845-758-0400
Fax: 845-758-2634
Email: curran@proceedings.com
Web: www.proceedings.com

Préface

Pour résoudre le problème du maintien à domicile de la population vieillissante, les solutions retenues par les pays industrialisés s'appuient sur un développement massif des Technologies de l'Information et de la Communication (TIC) au travers de l'Assistance à la Vie Autonome (AVA) ou *Ambient Assisted Living* (AAL). Un des plus grands défis est de concevoir des habitats intelligents pour la santé qui anticipent les besoins de leurs habitants tout en maintenant leur sécurité et leur confort. Les Technologies du Traitement Automatique du Langage Naturel (TALN) et de la Parole ont un rôle significatif à jouer pour assister quotidiennement les personnes âgées et rendre possible leur participation à la « société de l'information » car elles se trouvent au cœur de la communication humaine. En effet, les technologies de la langue peuvent permettre une interaction naturelle (reconnaissance automatique de la parole, synthèse vocale, dialogue) avec les objets communicants et les maisons intelligentes.

Cette interaction ouvre un grand nombre de perspectives notamment dans le domaine de la communication sociale et empathique (perception et génération d'émotions, agents conversationnels), de l'analyse de capacités langagières (accès lexical, paroles pathologiques), de la modélisation et de l'analyse de la production langagière de la personne âgée (modèle acoustique, modèle de langage), de la stimulation cognitive, de la détection de situations de détresse, de l'accès aux documents numériques, etc. Ces dernières années, un nombre croissant d'événements scientifiques ont eu lieu afin de réunir la communauté internationale autour de ces problématiques, nous pouvons citer notamment l'atelier ACL « Speech and Language Processing for Assistive Technologies (SLPAT 2011) » ou l'atelier de PERVASIVE 2012 « Language Technology in Pervasive Computing (LTPC 2012) » qui témoignent de la vitalité de ce domaine pour les technologies de la langue.

C'est afin de réunir les chercheurs francophones s'intéressant à l'application des technologies de la langue dans le domaine de l'assistance à la vie autonome et désireux de les promouvoir que l'atelier « Interactions Langagières pour personnes Âgées Dans les habitats Intelligents (ILADI2012) » a été créé pour présenter et discuter des idées, projets et travaux en cours. Cet atelier se situe à l'intersection des thématiques des conférences spécialisées dans les domaines de la gérontechnologie, de l'intelligence artificielle, du traitement automatique de la parole et du langage naturel. Il est ouvert à la présentation de travaux de chercheurs et doctorants portant sur l'un ou plusieurs des thèmes suivants : reconnaissance de la parole en conditions distantes (rehaussement de la parole dans le bruit, séparation de sources, environnement multicapteur) ; compréhension, modélisation ou reconnaissance de la voix âgée ; applications de la parole pour le maintien à domicile (identification du locuteur, reconnaissance de mots-clés/ordres domotiques, synthèse, dialogue) ; reconnaissance des signes avant-coureurs d'une perte de capacité langagière, etc.

La première édition de cet atelier s'est tenue en juin 2012 à Grenoble durant la conférence JEP-TALN-RECITAL 2012, avec le soutien des projets ANR Sweet-Home (ANR-2009-VERS-011) et Cirdo (ANR-2010-TECS-012), ainsi que le support du pôle de compétitivité international MINALOGIC. Cinq soumissions présentant des travaux dans les différents champs cités ont été retenues. Les présentations correspondantes ont été précédées d'une conférence d'Alain Franco, Professeur Universitaire et Praticien Hospitalier au CHU de Nice et Président du CNR-Santé sur les nouveaux paradigmes et technologies pour la santé et l'autonomie. L'atelier c'est terminé par une discussion ouverte sur le rôle des technologies de la langue dans le cadre du maintien à domicile des personnes âgées avec la participation de plusieurs acteurs locaux.

Nous remercions chaleureusement les participants à l'atelier et les membres du comité de programme, ainsi que l'ensemble du comité d'organisation de la conférence JEP-TALN-RECITAL 2012, sans lesquels cet évènement n'aurait pu se tenir.

Michel Vacher & François Portet, équipe GETALP du LIG

Organisateurs :

Michel Vacher, CNRS, Laboratoire d'Informatique de Gtrenoble
François Portet, Grenoble INP, Laboratoire d'Informatique de Gtrenoble

Comité de programme :

Véronique Aubergé, GIPSA-lab, Grenoble
Melissa Barkat-Defradas, Praxiling, Montpellier
Corneliu Burileanu, Polytehnica, Bucarest
Jean Caelen, LIG, Grenoble
Gérard Chollet, Telecom Paris-Tech, Paris
Corinne Fredouille, LIA, Avignon
Laurent Girin, GIPSA-lab, Grenoble
Jean-Paul Haton, LORIA, Nancy
Dan Istrate, ESIGETEL, Fontainebleau
Benjamin Lecouteux, LIG, Grenoble
Christophe Levy, LIA, Avignon
François Portet, LIG, Grenoble
Vincent Rialle, AGIM, Grenoble
Solange Rossato, LIG, Grenoble
Michel Vacher, LIG, Grenoble
Nadine Vigouroux, IRIT, Toulouse
Pierre Zweigenbaum, LIMSI, Paris

Conférencier invité :

Alain Franco, PUPH au CHU de Nice, Président du CNR-Santé

Table des matières

Nouveaux paradigmes et technologies pour la santé et l'autonomie

Alain Franco[1, 2]
(1) PUPH de Médecine interne et gériatrie, Université de Nice Sophia-Antipolis et CHU de Nice
(2) Président du Centre National de Référence Santé à domicile et autonomie (CNR-Santé)
33 Avenue Marceau, 06000 Nice
franco.a@chu-nice.fr

RÉSUMÉ

Le vieillissement de la population ainsi que l'augmentation de la longévité conduisent à la transition démographique et sanitaire et modifient en profondeur le paysage socio-économique et les paradigmes de santé qui le fondent.

- Celui de la médecine, où en vieillissant l'intérêt de la personne se porte moins vers le diagnostic et le traitement spécifique des maladies, apanage de la médecine hippocratique. Aujourd'hui, les maladies sont essentiellement chroniques, de gravité hétérogène, et souvent multiples (polypathologie, multimorbidité, etc...). Elles induisent non plus le souci de la guérison, bien entendu toujours espérée, mais surtout le besoin d'accompagnement dans la durée et le souci pour le patient de « vivre avec », d'éviter les pertes d'autonomie évitables et de fonctionner le mieux possible, le plus longtemps possible dans la qualité de vie et sans souffrance.
- Celui de l'hôpital, qui longtemps au centre du système de santé (« hospitalocentrisme »), n'en devient progressivement qu'un maillon, qu'une plateforme spécialisée, et soumise progressivement aux lois du marché. Vivre chez soi et être soigné si possible chez soi jusqu'à la fin de la vie font partie des aspirations légitimes des citoyens.
- Celui du soin sanitaire et social qui s'élargit de l'intimité de la famille et de l'acte professionnel, à la dimension politique de la dépendance, celle-ci n'ayant de sens qu'à travers la solidarité sociale et la dignité économique de l'investissement productif et créateur, et non plus de la dépense comptable.
- Celui, enfin de la santé « durable » dont la qualité la meilleure possible est obtenue au juste prix et sans gaspillages.

Les technologies de l'information et de la communication s'inscrivent pleinement dans cette mutation et à plusieurs niveaux. Elles peuvent contribuer à la prévention et/ou la compensation des déficiences et incapacités, à l'amélioration de la qualité de vie, à la sécurité, à la communication et l'inclusion sociale des utilisateurs finaux. Elles doivent soulager l'isolement et le fardeau des aidants naturels. Elles participent aussi à la modernisation des services de santé et sociaux en facilitant à domicile ou en institution l'organisation des soins professionnels, leur réalisation, leur tolérance et leur performance.

Si l'utilité des technologies ne soulève pas de critiques et bien au contraire entraîne l'adhésion des décideurs notamment politiques, elles restent soumises à un double handicap.

La rareté des démonstrations à grande échelle de leur utilité sanitaire et sociale, et l'absence de modèles économiques pour leur diffusion au sein d'un marché encore embryonnaire. C'est pour faire face à ces difficultés que l'Union Européenne fait la promotion du pilote EIP AHA ayant pour but face à une société européenne vieillissante de permettre en 2020 l'augmentation moyenne de deux années d'espérance de vie en santé pour les citoyens européens, en tenant compte notamment de la diffusion et de l'utilisation des technologies pour la vie autonome.

Les technologies de la parole et du TALN pour l'assistance à domicile des personnes âgées : un rapide tour d'horizon

François Portet[1] Michel Vacher[1] Solange Rossato[1]
(1) UJF-Grenoble 1 / Grenoble-INP /UPMF-Grenoble 2 / CNRS
Laboratoire d'Informatique de Grenoble UMR 5217, F-38041 Grenoble
prenom.nom@imag.fr

RÉSUMÉ

Pour relever le défi du maintien à domicile de la population vieillissante, une des solutions retenues par les pays industrialisés est le développement massif des Technologies de l'Information et de la Communication (TIC). Les TIC représentent une opportunité importante pour améliorer la vie quotidienne des personnes âgées afin qu'elles soient toujours maitresses de leurs choix et qu'elles utilisent la technologie pour continuer à vivre de manière autonome, à apprendre et à s'investir dans la vie sociale. Les technologies du traitement du langage naturelle et de la parole qui se trouvent au cœur de la communication humaine, ont donc un rôle significatif à jouer. Dans cet article nous dressons un tour d'horizon des technologies du TALN et du traitement de la parole actuellement développées dans ce cadre et des verrous ou écueils techniques ou éthiques qui peuvent limiter leur impact.

ABSTRACT

Quick tour of NLP and speech technologies for ambient assisted living

To address the challenges imposed by an ageing population, developed countries are massively supporting the development Information and Communication Technologies (ICT). ICT represents a great opportunity to improve the daily life of the elderly so that they always keep control over their life and use technology to continue to live independently, to learn and to stay involved in social life. Technologies of natural language and speech processing that lie at the heart of human communication, have a major role to play. In this paper, we present a survey of the NLP and speech technologies currently developed as well as the current technical or ethical challenges or pitfalls that may limit their impact.

MOTS-CLÉS : habitat intelligent, assistance à la vie autonome, reconnaissance automatique de la parole, traitement automatique du langage naturel.

KEYWORDS: smart home, ambiant assisted living, speech processing, natural language processing.

1 Introduction

Le vieillissement rapide de la population des pays industrialisés représente l'un des défis majeurs du 21e siècle. En effet, à partir de 2015, le nombre des décès devraient dépasser celui des naissances dans l'union européenne et, à l'horizon 2060, le nombre de personnes âgées (PA) de 80 ans devrait être triplé (Eurostat, 2008). En France, on estime que le nombre de personnes âgées de plus de 60 ans représentera 28,4% de la population en 2020 (9,4% auront plus de 75 ans) et 32,6% en 2060 (16,2% auront alors plus de 75 ans) (Blanpain et Chardon, 2010). Ceci est à mettre en relation avec l'espérance de vie sans incapacité qui a diminué à 61,9 ans en France en 2010 et qui reste dans la moyenne de l'UE (INED, 2012). Lorsqu'une PA perd son autonomie, l'assistance d'un tiers devient nécessaire, celui-ci est généralement désigné sous le terme d'« aidant ». Ce rôle est en fait souvent tenu par un ensemble d'acteurs représentés majoritairement par la famille proche, en général le conjoint ou les enfants, qui doivent assumer les soins. Par ailleurs, cette augmentation de retraités aura un impact très important sur la société et les finances publiques à travers les régimes de retraite et la sécurité sociale (EPC, 2003). Le défi posé dès maintenant à notre société est de permettre à nos ainés de pouvoir vivre de façon autonome et confortable aussi longtemps que possible en toute quiétude alors même que le nombre de jeunes pouvant contribuer à leur support sera en constante diminution.

C'est dans ce contexte que le développement des Technologies de l'Information et de la Communication (TIC) est vu comme un moyen d'améliorer leur autonomie, leur santé, leur bien-être et leur sentiment de dignité tout en les maintenant au domicile. En effet, les pays industrialisés ont fait le choix, pour relever ce défi, du développement massif des TIC, en témoignent le programme européen AAL (`http://www.aal-europe.eu/`), l'appel ANR TECSAN ou encore le rapport remis au Ministère du travail de la solidarité et de la fonction publique qui préconise le développement des TIC pour diminuer la dépendance de la personne âgée (Franco, 2010). Parmi ces technologies, on peut citer le développement de la télésurveillance, de la téléréadaptation ou des soutiens cognitifs divers pour la vie quotidienne (p.ex., aide-mémoire) (Cornet et Carré, 2008). Par ailleurs, la vie autonome à domicile peut aussi avoir un impact social et économique plus bénéfique que de placer certaines personnes dépendantes en instituts spécialisés (Gordon, 1993; Bobillier Chaumon et Oprea Ciobanu, 2009). Il est important de noter que toute aide uax personnes âgées soulage également les aidants qui doivent supporter la plupart du temps une lourde charge émotionnelle et économique. Par ailleurs, au delà de ces aspects, les TIC représentent une opportunité intéressante pour apporter plus de capacités de contrôle au PA dans leur vie quotidienne afin qu'elles restent toujours maitresses de leurs choix (Rodin, 1986) et qu'elles puissent utiliser la technologie pour continuer à apprendre, à se connecter au monde et à s'investir dans la vie sociale (Rivière et Brugière, 2010). La technologie peut être utilisée pour créer du lien social pour les plus âgées qui souffrent souvent d'une trop grande solitude. Dans ce cadre, de nombreux projets de robots assistants ont vu le jour que ce soit pour apporter une aide physique quotidienne ou pour divertir les personnes âgées (Bahadori *et al.*, 2004; Badii et Boudy, 2009) alors que d'autres solutions prônent l'installation de systèmes de visioconférence ou des connexions à des réseaux sociaux dédies (Alaoui et Lewkowicz, 2012).

Le domaine de l'assistance à domicile des PA est un champ d'application et de recherche prometteur pour les technologies du traitement du langage naturel et de la parole car elles se trouvent au cœur de la communication humaine. Ces dernières années un nombre croissant d'événements scientifiques ont eu lieu afin de réunir la communauté autour de ces problématiques : SLPAT 2011 (Alm, 2011), LTPC 2012 (Anastasiou et Stahl, 2012), EUSIPCO 2012 (Burileanu et Pesquet-Popescu, 2012). Dans cet article, nous nous attacherons à dresser un tour d'horizon des technologies du TALN et du traitement de la parole actuellement envisagées dans le cadre de l'intelligence ambiante pour l'assistance à domicile. Pour des raisons de place, nous aborderons uniquement le cas des personnes âgées et non celui, bien qu'il soit aussi important, de leurs aidants. La section suivante dessine les grandes lignes de l'assistance à domicile. La section 3 présente les différents niveaux de traitement de l'information dans lesquels les technologies de la langue peuvent jouent un rôle important. Toutes les avancées technologiques ne sont pas forcement appropriées aux besoins des PA c'est pourquoi nous nous intéresserons également aux verrous et écueils qui peuvent limiter leur impact dans la section 4.

2 Contexte de l'intelligence ambiante pour l'assistance à domicile des personnes âgées

L'intelligence ambiante pour l'assistance à domicile des personnes âgées repose généralement sur l'utilisation de capteurs qui permettent de percevoir le comportement de l'utilisateur afin d'extraire l'information utile pour déclencher une assistance. Trois applications types existent :

- les maisons intelligentes qui sont équipées de capteurs et d'actionneurs situés à des endroits précis de la maison,
- les agents assistants qui aident les personnes à réaliser certaines tâches ou qui les distraient,
- et les systèmes portés par la personnes tels que les bracelets électroniques ou capteurs de chute qui ont une utilité à l'intérieur comme à l'extérieur de la maison.

Dans cet article, nous ne nous intéresserons pas aux capteurs portéss.

L'*habitat intelligent* ou *smart home* (Sakamura, 1990; Yerrapragada et Fisher, 1993; Allen, 1996; Chan *et al.*, 2008) est une résidence équipée de technologies d'informatique ambiante (Weiser, 1991) qui anticipe et répond aux besoins de ses occupants en essayant de gérer de manière optimale leur confort et leur sécurité par des actions sur la maison et en mettant en œuvre des connexions avec le monde extérieur. Les plateformes d'expérimentation de ce type ont littéralement fleuri ces dernières années. Par exemple, l'équipe MULTICOM du LIG propose aux entreprises de les accompagner dans la conception et l'évaluation des services interactifs innovants dans l'environnement intelligent DOMUS (Gallissot et Jambon, 2012). Cet environnement est un véritable appartement fonctionnel de 34 m^2, équipé de capteurs et d'actionneurs afin d'agir sur l'environnement (éclairage, volets, systèmes de sécurité, chauffage, ventilation, contrôle audio-vidéo ...). Plus de 150 capteurs, actionneurs et sources d'informations sont gérés dans l'appartement. Cet appartement est utilisé dans le cadre du projet Sweet-Home (Vacher *et al.*, 2011a) qui vise étudier la commande vocale pour l'intégrer à la domotique et faciliter ainsi les interactions de l'utilisateur avec son environnement. On peut aussi citer l'initiative Open Living Lab [1] qui regroupe plus de 100 laboratoires d'expérimentation in vivo ou *living labs* à travers le monde. Ces laboratoires sont des plateformes de développement de nouvelles technologies de la communication centrées sur l'utilisateur.

Concernant les robots assistants, ceux-ci sont actuellement conçus pour aider physiquement des personnes fragiles et proposer une interaction sociale à la personne. Dans le premier cas, seul un robot physique mobile peut être utilisé, mais en ce qui concerne l'interaction sociale, elle peut aussi être assurée par un objet communicant, voire même un avatar affiché sur un écran. Beaucoup de recherches autour de ces agents sociaux ont vu le jour, elles se sont concentrées sur le problème de l'interaction naturelle et multimodale (Delaborde et Devilliers, 2012). Par exemple, dans (Bickmore *et al.*, 2005), les auteurs ont développé un avatar servant d'entraineur (ou *coach*) pour les activités physiques et permettant une interaction quotidienne.

1. www.openlivinglabs.eu

L'assistance apportée aux personnes âgées concerne principalement 3 axes (si on exclut le domaine de la santé) : le support cognitif et physique (p.ex., aide mémoire, automatisation de la lumière), la sécurité (p.ex., assistance en cas de détresse, de chute), et la communication (p.ex. : conversation avec l'entourage, utilisation de réseaux sociaux dédiés). Dans le cadre des technologies du langage naturel et de la parole, l'exemple type est celui d'un système de dialogue adapté à la personne. Par exemple, (Hamill *et al.*, 2009) ont utilisé dans un appartement un système de compréhension de la parole pour comprendre certains mots (« oui »et « non ») prononcés par l'utilisateur afin de lui apporter une réponse appropriée dans le cas d'un appel de détresse. (*Personal Emergency Response System*). Un autre exemple est apporté par le projet RoboCare (Bahadori *et al.*, 2004) dans lequel un robot roulant comportant un écran d'ordinateur affichant un visage animé (avatar) a été conçu pour interagir spontanément avec l'utilisateur afin de lui signaler un danger ou répondre à une question.

2.1 La personne âgée : un utilisateur méconnu des TIC

Bien que la personne âgée soit un utilisateur potentiel des TIC, le marché des nouvelles technologies n'a trouvé que très peu d'écho auprès des personnes âgées. Le rapport du Crédoc (Bigot et Croutte, 2009) montre que les plus de 70 ans, et dans une moindre mesure les plus de 60 ans, sont les groupes consommant le moins de produits des TIC. Cette fracture générationnelle qui persiste malgré le nombre impressionnant d'études ayant eu lieu autour des usages des TIC par les personnes âgées (Callejas et López-Cózar, 2009; Gödde *et al.*, 2008; Kang *et al.*, 2006; Lines et Hone, 2006; Rialle *et al.*, 2008; Portet *et al.*, 2012), peut s'expliquer par des facteurs socioéconomiques mais aussi par le fait que cette population est moins éduquée aux TIC. Si les prochaines générations seront surement plus habituées, rien ne permet de prédire que la technologie ne les aura pas de nouveau « dépassé »une fois âgées. Par ailleurs, contrairement aux autres catégories de consommateurs (enfants, adolescents, adultes), les concepteurs de technologies « grand public »n'ont jamais vécu personnellement cette période de vie. Par ailleurs, la projection dans la PA est d'autant plus difficile que la vieillesse est globalement perçue de façon négative même si la relation de chacun avec cette période de l'existence reste complexe (Moliner *et al.*, 2008). De plus, si l'adolescence et la phase de vie active reste relativement délimitées, il est très difficile de définir un utilisateur cible simplement par son âge (à partir de quel moment est-on vieux ?) tant l'effet du vieillissement peut entrainer de variabilité inter-individuelle pour une même génération (Henrard et Ankri, 2003). Par conséquent, la plupart des technologies grand public actuelles ont souvent ignoré cette population et celles-ci sont donc peu adaptées aux personnes âgées.

Par exemple, des études ont montré que les serveurs vocaux interactifs sont particulièrement défaillant avec des clients âgés (Miller *et al.*, 2011). Dans (Reidel *et al.*, 2008), une expérience impliquant un serveur vocal et 291 participants âgées au Canada a été menée pour aider les patients à prendre régulièrement leur médicament. Cependant, 192 d'entre eux ont abandonné l'étude en cours de route et la majorité des plaintes mettaient en cause la mauvaise qualité de la reconnaissance vocale. Il est cependant connu depuis une décennie que les modèles acoustiques standards des serveurs vocaux ne sont pas adaptés à la voix âgées (Baba *et al.*, 2004).

Un autre exemple provient d'une étude récente dans le cadre des *smart homes* et de l'usage de la domotique par les personnes âgées (Portet *et al.*, 2012). Dans cette étude, une maison intelligente contrôlable par la voix est évaluée. Les expérimentateurs interrogent plusieurs personnes indépendantes entre 75 et 88 ans et constatent que bien que la commande vocale soit reçue favorablement, ces personnes refusent fortement toutes les aides pouvant leur retirer contrôle et initiative en les poussant à une vie oisive (p.ex., faire le café automatiquement). Ceci confirme des études anciennes et récentes sur le rôle du sens du contrôle et de l'estime de soi (Rodin, 1986; Bobillier Chaumon et Oprea Ciobanu, 2009) et met en évidence qu'une technologie est peu acceptée si elle ne répond pas aux besoins des PA ou les stigmatise.

Dans (Bobillier Chaumon et Oprea Ciobanu, 2009), les auteurs s'interrogent sur les risques des nouvelles technologies relatifs au maintien de l'intégrité psychique et sociale des personnes âgées. Ils mettent en avant le risque de dépendance aux technologies d'assistance, la stigmatisation de leur condition sociale et un certain risque d'intensification de leur isolement. Les auteurs citent l'exemple d'une personne âgée initiée à la messagerie électronique ne recevant pas de réponses à ses messages et ressentant ainsi un isolement encore plus grand qu'avant cette expérience.

Toutes les données concernant les personnes âgées — grande variabilité de capacité physique, large panel de handicaps, grande disponibilité, isolement, besoin de contact humain — doivent donc être prises en compte lors du développement de nouvelles technologies. Ces utilisateurs et leur cercle social doivent être impliqués dans la conception et l'évaluation de celles-ci (Augusto, 2009).

2.2 Le domicile : un environnement riche mais hostile pour les technologies de la langue

Dans un habitat intelligent, les signaux enregistrés par les capteurs sont souvent perturbés par un ensemble de bruits de fond ou d'événements souvent incontrôlables ou imprévisibles. Les capteurs sont fixés sur différents supports (murs, plafond), mais rien ne peux prévenir une modification de l'environnement nuisible à leur fonctionnement car l'utilisateur reste maitre de son environnement (p.ex. : armoire déplacée devant un capteur de présence). Dans le cas des microphones, des études ont montré une réduction significative du Rapport Signal sur Bruit (RSB) des sons enregistrés dans un habitat intelligent (RSB = 12,7 dB) par rapport aux conditions de laboratoire (27dB) (Vacher *et al.*, 2011b). Pour le signal sonore, trois dimensions de perturbation doivent être considérées (Wölfel et McDonough, 2009; Vacher *et al.*, 2011b) : 1) la position du locuteur par rapport aux microphones (condition micro-casque ou *distant speech* ; 2) l'acoustique de l'habitat et ; 3) la présence de bruit de fond tel que la télévision ou la machine à laver, d'événements sonores tels que la sonnerie de téléphone ou encore de voix multiples. Par ailleurs, au contraire des données de certains autres capteurs (tels que les caméras vidéo), les informations sonores utiles sont sporadiques car générées uniquement par une action de l'utilisateur (parole ou geste) ou d'un autre acteur (klaxon dans la rue). Il peut donc exister de longues périodes durant lesquelles aucune information n'est captée, laissant de ce fait un système de décision dans une grande incertitude, par exemple lorsqu'il s'agit de déterminer si une personne est présente ou non dans une pièce, active ou inactive. Ces problèmes restent encore ouverts dans la communauté du traitement du signal acoustique (Barker *et al.*, 2011).

Concernant les deux premières perturbations, les problèmes rencontrés peuvent être compensés si les micros sont mobiles (p.ex. : cas d'un micro embarqué sur un robot mobile) ou par un système de dialogue (demande de répétition). Cependant, la voie la plus prometteuse demeure l'utilisation de plusieurs capteurs permettant de rehausser le signal et de compenser les distorsions de façon à traiter le signal de manière transparente pour l'utilisateur. Couplés à un système de

Reconnaissance Automatique de la Parole (RAP), le couplage des signaux de plusieurs capteurs permet une amélioration significative du taux de reconnaissances (Lecouteux *et al.*, 2011). Le cas de mélange de sources est problème bien plus ardu. Le mélange de voix humaines est connu comme étant le *coktail party problem* et reste à ce jour un problème non résolu. Cependant, les techniques de séparation de sources aveugles (*Independent Component Analysis*), de rehaussement de signaux (*Beam-forming*) semble prometteuses (Barker *et al.*, 2011) ainsi que les techniques d'annulation d'écho qui permettent de réduire l'influence d'une source de bruit dans un signal utile lorsque la source de bruit est connue (Vacher *et al.*, 2009). Toute ces techniques ne sont pas sans entrainer une consommation importante de ressources de calcul et une modification du signal original. Ceci peut avoir un impact important sur l'application et les techniques de traitement en aval (RAP, émotion, prosodie, etc.). Certaines nouvelles technologies sont donc dépendantes des progrès effectués en traitement du signal.

3 Du signal à la sémantique

L'interaction langagière dans le cadre de l'habitat intelligent recouvre plusieurs dimensions et centre d'intérêts qui vont du traitement du signal au traitement sémantique. Dans cette section nous dressons un tour d'horizon des recherches effectuées en les regroupant selon quatre grands axes.

3.1 Comprendre et communiquer avec l'utilisateur

L'une des premières tâches d'un système d'interaction orale dans un habitat intelligent est la RAP. Cependant, la majeure partie des systèmes de RAP ont été conçus pour la population active, il ne sont donc adaptés ni à la voix enfantine, ni à la voix âgées. Les études qui se sont intéressées à ce problème (Baba *et al.*, 2004; Privat *et al.*, 2005; Vipperla *et al.*, 2009) montrent que des aspects acoustiques mais aussi linguistiques caractéristiques du locuteurs doivent être pris en compte pour l'adaptation des systèmes à cette population. Bien que la plupart des études se soient concentrées sur l'adaptation des modèles acoustiques soit par apprentissage complet soit par adaptation, les résultats avec les voix âgées n'atteignent pas les performances obtenues avec la population non âgée (Aman *et al.*, 2012). Il semblerait donc que d'autre facteurs, qui ne sont pas actuellement considérés dans les systèmes de RAP actuels (nombre de pauses, hésitations, tremblements, etc.), doivent être pris en compte .

Un autre vecteur important de communication est la reconnaissance des émotions de l'utilisateur (Mera *et al.*, 2004; Delaborde et Devilliers, 2012). Une détection automatique, permettrait d'agir suite à l'évaluation d'une situation soit de manière proactive, comme par exemple proposer une activité si la personne semble s'ennuyer, soit de manière réactive comme dans la cas d'un dialogue. Par exemple, dans (Delaborde et Devilliers, 2012) une expérience est menée avec des personnes mal voyantes et un robot compagnon pour étudier l'impact du comportement du robot sur les émotions de la personne. La détection automatique des émotions (généralement à travers les paramètres de types F0, durée, MFCC, etc.) permet de mesurer la pertinence d'une action du système communicant pour l'adaptation de celui-ci à la personne. Dans (Mera *et al.*, 2004), un système de dialogue est proposé qui analyse l'émotion de l'utilisateur à travers les informations linguistiques contenues dans les énoncés de la personne âgée. Ainsi les systèmes de dialogue seraient en mesure de produire des encouragements ou de determiner si une action irrite la personne. Un objectif actuel dans le domaine de l'habitat intelligent est la création de maisons ou de systèmes doués d'empathie.

Une application originale du TALN dans le domaine de habitat intelligent est décrite dans (Sadoun, 2012). Il s'agit d'exprimer des souhaits de comportements d'une maison intelligente et de décrire l'environnement à l'aide du langage naturel. Les énoncés textuels sont analysés par le système à l'aide de patrons et d'une ontologie guidant l'extraction des entités et relations permettant de paramétrer le système.

3.2 Détecter une perte de capacité, une situation de détresse

Les technologies du traitement automatique de la parole ou du langage naturel sont particulièrement prometteuses pour identifier des situations liées à une altération de la santé ou des capacités langagières de la personne. Par ailleurs, un certain nombre de signaux paralinguistiques peuvent aussi être détectés à partir des signaux acoustiques. La simple détection de reniflements, toux, halètement peut trouver une utilisation pour le diagnostic ou confirmer une situation. Par exemple, (Nishida *et al.*, 2000), utilise un ensemble de capteurs dont un microphone spécialement dédiés à la mesure de la respiration de la personne durant son sommeil afin de détecter des périodes d'apnées et de mesurer l'activité nocturne. Concernant la détection de la parole proprement dite, celle-ci permettrait aussi de donner une mesure objective de l'évolution de la quantité d'interaction verbale de la personne en milieu domestique (conversation de *visu* ou par téléphone). Cette mesure pourrait être corrélée au degré de solitude ou d'isolement de la personne, et donner ainsi de sérieux indicateurs de détresse sociale.

Le signal sonore de la parole porte également les traces des émotions de la personnes. Un important mouvement d'investigation se concentre sur l'analyse pour la reconnaissance automatique des émotions de la personne âgée et de ses capacités à percevoir l'émotion. Ces recherches montrent ainsi que la capacité d'interprétation et de génération de prosodie grammaticale et émotionnelle est altérée rapidement chez les patients atteints de la maladie d'Alzheimer. Ce déclin cognitif semble même plus rapide que pour d'autre capacités langagières (p.ex., l'accès lexical) et pourrait donc être un moyen de diagnostic précoce (Taler *et al.*, 2008). Il en résulte que les systèmes communicants utilisant la synthèse de parole expressive devrait également adapter leur communication à leur utilisateur déficient pour transmettre des informations de manière plus explicite (p.ex., de manière lexicale plutôt que prosodique). Mise à part cette mesure de capacité sur le long terme, la reconnaissance automatique des émotions semble une voie indispensable pour identifier les humeurs, douleurs ou les signaux de détresse émis par la personne qui demande une réaction immédiate et appropriée du système d'assistance.

Une autre détection automatique de signes avant-coureurs de la Maladie d'Alzheimer (MA) par analyse de la production langagière pourrait être effectuée au niveau du discours. En effet, un des effets tragique de la MA est l'appauvrissement du discours et du vocabulaire (Barkat-Defradas *et al.*, 2008). Ces modifications sont assez subtiles et difficiles à détecter par les aidants à cause de la progressivité très lente de leur évolution. Un système objectif de mesure serait donc un moyen de diagnostic précieux. Cependant, la mise en place de technique d'analyse aussi complexe (détection d'erreur syntaxique, dissociations sémantiques) dans un environnement aussi difficile (bruit ambiant, vieillesse du conduit vocal) reste un défi difficile à relever actuellement.

3.3 Compenser une perte de capacité, apporter une assistance quotidienne

Dans le domaine de l'interaction langagière, il existe, à notre connaissance, encore peu de solutions permettant une réelle compensation de perte de capacités langagières spécifiques à l'habitat intelligent. Les techniques de traitement de l'oral sont surtout utilisées pour leur capacités sémantiques (communication par la voix ou texte) et leur aspect main libre à travers la RAP qui permet de diminuer la charge cognitive des systèmes d'interaction classiques. Par ailleurs, les systèmes à commande vocale permettent aux handicapés physiques ou aux personnes fragiles de faire à distance des actions impossibles, pénibles ou potentiellement dangereuses (p.ex., allumer une lumière en pleine nuit). Enfin, les systèmes de synthèse vocale permettent de transmettre une information avec un bonne assurance que celle-ci parviendra à l'utilisateur (par rapport à un écran ou téléphone qui peut ne pas être accessible au moment du message). Par exemple, prodiguer des conseils au moment de la réalisation d'une tâche, rappeler un rendez-vous ou une visite. D'une manière générale, les interfaces vocales semblent être un élément important de tout système d'assistance cognitive (Pigot *et al.*, 2007) et/ou physique notamment dans le cas de robots assistants ou d'agent virtuels.

Un exemple original d'utilisation de techniques de traitement audio et de génération de rapports est donnée par (Nishida *et al.*, 2000) qui mesurent différents paramètres du sommeil d'une personne pour générer un rapport constitué de graphiques et de textes résumant la nuit de la personne. Le but est de produire un résumé objectif pour la personne [2] afin que celle-ci puisse prendre conscience de son comportement et le corriger le cas échéant.

D'autres recherches, se concentrent sur l'utilisation de l'intelligence ambiante et de techniques de communication pour persuader l'utilisateur d'effectuer une action. Par exemple, (Sakai *et al.*, 2011) ont développé un système pour inciter des personnes à prendre les escaliers plutôt que l'ascenseur. Le système s'adapte au profil de persuasion de l'utilisateur (p.ex., autoritaire, consensuel, etc.) pour délivrer des messages langagiers. Ce domaine pourrait être exploité dans le cadre de l'habitat intelligent pour motiver les personnes âgées à faire des actions (e.g., ne pas oublier les médicaments, exercice, etc.) selon leur personnalité.

3.4 Aider à garder le lien, combattre la solitude

L'un des champs d'applications les plus prospères concerne l'aide au PA à conserver un lien avec leur entourage ou cercle social grâce à des systèmes de visiophonie dans des instituts spécialisés et/ou au domicile (Alaoui et Lewkowicz, 2012). Par exemple, l'expérimentation effectuée dans la maison de retraite de Monestier de Clermont dans l'Isère à permis aux résidents de contacter des cliniciens des hôpitaux éloignés afin d'obtenir une plus grande réactivité et une économie de déplacement. Par ailleurs, pour le domicile, il existe maintenant toute une gamme de boîtiers internet spécialisés permettant aux personnes âgées d'avoir un ensemble de services incluant généralement la visiophonie, l'album photo, la messagerie, les appels d'urgence, etc. pour faciliter l'interaction avec les aidants. Si ces systèmes peuvent contribuer à combattre l'isolement et améliorer leur sens du contrôle ainsi que d'ouvrir un nouveau marché, ils ne présentent, du point de vue recherche, qu'une réutilisation de technologies existantes sans faire émerger une rupture

2. les auteurs nomment cette technique *Self-Communication*

technologique dans ce domaine ni apporter de réponses aux interrogations concernant les types de contact sociaux dont les personnes âgées ont besoin.

La solitude peut aussi être combattue en proposant aux personnes âgées des activités liées à la santé ou simplement ludiques à travers des assistants interactifs tel que dans (Bickmore *et al.*, 2005). Ces robots ou avatars semblent avoir les capacités de séduire les personnes âgées comme le montre plusieurs études d'usage (Callejas et López-Cózar, 2009; Portet *et al.*, 2012). Cependant, d'autres études ayant mis en place ces technologies dans des domiciles sur le moyen et long terme rapportent qu'une certaine lassitude apparait chez les personnes âgées. Dans (Sharkey et Sharkey, 2012), les auteurs citent un directeur de maison de retraite au Japon qui, ayant acquis un robot, explique qu'au bout d'un mois le robot reste confiné dans un coin de la pièce de vie. De même, l'étude d'usage de l'assistant virtuel de (Bickmore *et al.*, 2005), testé pendant 60 jours par 8 personnes âgées, a montré une décroissance de la fréquence d'usage passé la première semaine. Il convient donc de contraster les études et résultats récents avec des études longitudinales (qui restent encore rares) afin de mesurer le gain effectif des nouvelles technologies pour le support à la communication sociale.

L'un des points importants concernant l'inclusion des personnes âgées dans la société a trait à leur appropriation des nouveaux modes de communication. Dans ce domaine, une recherche importante liant les domaine de Recherche d'Information, l'IHM et le TALN concerne la facilitation de l'accès des personnes âgées aux réseaux sociaux et à internet en général (Fink *et al.*, 1998; Mera *et al.*, 2004). Par exemple, le projet AVANTI (Fink *et al.*, 1998) propose une architecture pour la recherche d'information sur internet qui régénère les hypertextes collectés pour les adapter à l'utilisateur. Le projet EASTIN-CL[3] propose un portail multilingue et multimodal pour aider l'inclusion sociale des personnes âgées. Dans (Masthoff et Van Deemter, 2003), la génération de modèle utilisateur, essentielle pour la personnalisation des systèmes interactifs, est même proposée en tant qu'activité ludique.

Dans le domaine de l'assistance à domicile par l'informatique ambiante, les offres et projets technologiques fleurissent mais leur véritable effets et leur pertinence par rapport aux besoins des PA semble difficile à évaluer. Sommes nous dans un mode de *technology push* ou de *demand pull* ?

4 Respect de la vie privée et effets négatifs des TIC

Quelles que soient les technologies que l'on envisage d'intégrer aux domiciles des personnes âgées, l'arrivée de ces technologies au domicile de personnes peu susceptibles d'en garder le contrôle suscite un grand nombre de questionnements au sein de la société. L'un des points de questionnement majeurs concerne le respect de la vie privée qui pose de sérieuses contraintes aux systèmes audio et vidéo à tel point que les solutions proposées sont généralement de dégrader ou de supprimer les données préalablement analysées (Marek et Rantz, 2000; Moncrieff *et al.*, 2007). Une idée intéressante pour ce domaine est d'appliquer le concept de *Privacy by design* (c'est à dire le respect de la vie privée dès la conception) où le respect de la vie privée est intégré directement dans la conception et le fonctionnement des systèmes de TIC. La reconnaissance de la parole

3. `www.eastin-cl.eu/`

pourrait être facilement conforme à ce concept car le signal de parole n'a généralement pas besoin d'être stocké pour être traité (seul les vecteurs des paramètres acoustiques sont nécessaires). Par ailleurs, selon l'application, le système utilisant les modèles de langages restreint permettent d'extraire uniquement les informations limités à un domaine (p.ex., commandes domotiques) et d'éviter la reconnaissance de paroles intimes. Par ailleurs, il semble que les personnes âgées et leur aidants n'éprouvent pas de crainte à l'égard des technologies de la parole (Portet *et al.*, 2012) alors que les caméras vidéo sont beaucoup moins acceptées. Il existe aussi un autre aspect concernant la vie privée qui est lié à la détresse réelle des personnes. En effet, les personnes atteintes d'incapacité ou de maladie lourdes ainsi que leur entourage, sont prêtes à accepter une intrusion des technologies si celles-ci leur apportent un soutien essentiel (Rialle *et al.*, 2008). Cette contrainte de vie privée semble devoir donc être mitigée avec le soulagement que certaines technologies dites intrusives peuvent apporter.

Un autre facteur à prendre en compte est l'effet malencontreux que peuvent avoir les nouvelles technologies (Bobillier Chaumon et Oprea Ciobanu, 2009). Tel que (Rodin, 1986) le souligne dès 1986, les tentatives d'aide à la personne peuvent avoir comme effet de réduire leur sens de contrôle et leur estime d'elle même. Malheureusement, peu de recherches soulignent les effets a priori négatifs de leur prototype. L'étude d'usage précédemment citée concernant un système de commande vocale dans l'habitat (Portet *et al.*, 2012) a mis en évidence le refus unanime des personnes âgées d'avoir un système agissant à leur place « *J'aime bien agir plutôt que parler [...] J'aime bien fermer mes volets, etc. [...] Moi en ce moment je préfère faire les choses parce [que sinon] c'est glisser vers l'inactivité. Faudrait vraiment que je puisse plus le faire, parce que sinon on fait plus rien, on se couche et puis voilà.*». Dans (Meyer, 2004), un système de support à la conduite pour personne âgées est présenté. Les auteurs discutent les mauvais effets que peuvent avoir ce système notamment en créant un climat de confiance annihilant toute responsabilité, et en ne s'adaptant pas au besoins spécifiques des personnes âgées. Dans l'ouvrage de (Rivière et Brugière, 2010), les auteurs analysent les apports des nouvelles technologies et défendent une vision de la personne âgée toujours maitresse de ses choix, qui utilise la technologie pour continuer à apprendre et à s'investir dans la vie sociale. Leur principale recommandation est que la technologie ne doit pas infantiliser et isoler les plus âgés. Cependant ceci doit être pondéré par le fait que certaines personnes sont dans des cas de dépendance sévère et sont reliées au monde parfois uniquement par leurs aidants, les nouvelles technologies peuvent alors leur apporter une ouverture supplémentaire sur l'extérieur.

5 Conclusion

Dans le domaine de l'assistance à domicile, les technologies du traitement du langage naturel et de la parole se trouvent au cœur des techniques d'interactions langagières. En cela, elles ont un rôle important à jouer qui dépasse la simple utilisation d'interface vocale. Les études en laboratoire ou sur le terrain menées autour des capacités langagières de la personne vieillissante peuvent jouer un rôle prépondérant notamment dans l'adaptation de l'interaction aux capacités cognitives de l'utilisateur, dans le diagnostic, la sécurité et dans le support quotidien d'outils doués d'empathie. Cependant, cette recherche doit avoir soin de toujours intégrer les personnes âgées et leurs aidants dans cette entreprise qui suscite de grandes interrogations sur les dérives possibles d'une telle technologie.

Références

ALAOUI, M. et LEWKOWICZ, M. (2012). Struggling against Social Isolation of the Elderly - The Design of SmartTV Applications. *In International Conference on the Design of Cooperative Systems (COOP2012).*

ALLEN, B. (1996). An integrated approach to smart house technology for people with disabilities. *Medical Engineering & Physics*, 18:203–206.

ALM, N., éditeur (2011). *Proceedings of the Second Workshop on Speech and Language Processing for Assistive Technologies*, Edinburgh, Scotland, UK. Association for Computational Linguistics.

AMAN, F., VACHER, M., ROSSATO, S., DUGHEANU, R., PORTET, F., LEGRAND, J. et SASA, Y. (2012). Étude de la performance des modèles acoustiques pour des voix de personnes âgées en vue de l'adaptation des systèmes de RAP. *In Journées d'Étude de la Parole (JEP2012).*

ANASTASIOU, D. et STAHL, C., éditeurs (2012). *Language Technology in Pervasive Computing (LTPC 2012)*, Newcastle,UK.

AUGUSTO, J. C. (2009). Past, present and future of ambient intelligence and smart environments. *In ICAART*, pages 11–18.

BABA, A., YOSHIZAWA, S., YAMADA, M., LEE, A. et SHIKANO, K. (2004). Acoustic models of the elderly for large-vocabulary continuous speech recognition. *Electronics and Communications in Japan, Part 2, Vol. 87, No. 7, 2004*, 87(2):49–57.

BADII, A. et BOUDY, J. (2009). CompanionAble - integrated cognitive assistive & domotic companion robotic systems for ability & security. *In 1st Congres of the Société Française des Technologies pour l'Autonomie et de Gérontechnologie (SFTAG'09)*, pages 18–20, Troyes.

BAHADORI, S., CESTA, A., GRISETTI, G., IOCCHI, L., LEONE, R., NARDI, D., ODDI, A., PECORA, F. et RASCONI, R. (2004). RoboCare : Pervasive Intelligence for the Domestic Care of the Elderly. *Intelligenza Artificiale*, 1(1):16–21.

BARKAT-DEFRADAS, M., MARTIN, S., DUARTE, L. R. et BROUILLET, D. (2008). Les troubles de la parole dans la maladie d'Alzheimer. *In 27e journée des JEP.*

BARKER, J., CHRISTENSEN, H., MA, N., GREEN, P. et VINCENT, E., éditeurs (2011). *The PASCAL 'CHiME' Speech Separation and Recognition Challenge.*

BICKMORE, T. W., CARUSO, L., CLOUGH-GORR, K. et HEEREN, T. (2005). 'It's just like you talk to a friend' relational agents for older adults. *Interacting with Computers*, 17(6):711–735.

BIGOT, R. et CROUTTE, P. (2009). Enquête « Conditions de vie et Aspirations des Français » La diffusion des technologies de l'information et de la communication dans la société française. Centre de Recherche pour l'Etude et l'Observation des Conditions de Vie.

BLANPAIN, N. et CHARDON, O. (2010). Projections de population à l'horizon 2060 : Un tiers de la population âgé de plus de 60 ans. Institut national de la statistique et des études économiques (France).

BOBILLIER CHAUMON, M.-E. et OPREA CIOBANU, R. (2009). Les nouvelles technologies au service des personnes âgées : entre promesses et interrogations – une revue de questions. *Psychologie Française*, 54(3):271–285.

BURILEANU, C. et PESQUET-POPESCU, B., éditeurs (2012). *Audio Analysis in Smart Homes*. European Association for Signal Processing.

CALLEJAS, Z. et LÓPEZ-CÓZAR, R. (2009). Designing smart home interfaces for the elderly. *SIGACCESS Newsletter*, 95.

CHAN, M., ESTÈVE, D., ESCRIBA, C. et CAMPO, E. (2008). A review of smart homes- present state and future challenges. *Computer Methods and Programs in Biomedicine*, 91(1):55–81.

CORNET, G. et CARRÉ, M. (2008). Technologies pour le soin, l'autonomie et le lien social des personnes âgées : quoi de neuf ? *Gérontologie et société*, 126:113–128.

DELABORDE, A. et DEVILLIERS, L. (2012). Impact du comportement social du robot sur les émotions de l'utilisateur : une expérience perceptive. *In Journées d'Etude de la Parole (JEP 2012)*.

EPC (2003). The impact of ageing populations on public finances : overview of analysis carried out at EU level and proposals for a future work programme. Economic Policy Committee, Union Européenne.

EUROSTAT (2008). Projections de population 2008-2060. Communiqués de presse Eurostat.

FINK, J., KOBSA, A. et NILL, A. (1998). Adaptable and adaptive information provision for all users, including disabled and elderly people. *The New Review of Hypermedia and Multimedia*, 4:163–188.

FRANCO, A. (2010). Rapport de la mission « Vivre chez Soi ». Ministère du travail de la solidarité et de la fonction publique.

GALLISSOT, M. et JAMBON, F. (2012). Proposition et mise en œuvre d'un modèle d'interopérabilité pour le bâtiment intelligent. *Ingénierie des Systèmes d'Information*, 17(2/2012):121–142.

GÖDDE, F., MÖLLER, S., ENGELBRECHT, K.-P., KÜHNEL, C., SCHLEICHER, R., NAUMANN, A. et WOLTERS, M. (2008). Study of a speech-based smart home system with older users. *In International Workshop on Intelligent User Interfaces for Ambient Assisted Living*, pages 17–22.

GORDON, M. (1993). Community care for the elderly : is it really better ? *Canadian Medical Association Journal*, 148:393–396.

HAMILL, M., YOUNG, V., BOGER, J. et MIHAILIDIS, A. (2009). Development of an automated speech recognition interface for personal emergency response systems. *Journal of NeuroEngineering and Rehabilitation*, 6.

HENRARD, J.-C. et ANKRI, J. (2003). *Vieillissement, grand âge et santé publique*. ENSP, 2e édition.

INED (2012). Dernières données sur l'espérance de vie sans incapacité des 27 pays de l'ue. Communiqué de Presse de l'Ined.

KANG, M.-S., KIM, K. M. et KIM, H.-C. (2006). A questionnaire study for the design of smart home for the elderly. *In Healthcom*, pages 265–268.

LECOUTEUX, B., VACHER, M. et PORTET, F. (2011). Distant Speech Recognition in a Smart Home : Comparison of Several Multisource ASRs in Realistic Conditions. *In Interspeech 2011*.

LINES, L. et HONE, K. S. (2006). Multiple voices, multiple choices : Older adults' evaluation of speech output to support independent living. *Gerontechnology Journal*, 5(2):78–91.

MAREK, K. et RANTZ, M. (2000). Aging in place : a new model for long-term care. *Nursing Administration Quarterly*, 24(3):1–11.

MASTHOFF, J. et VAN DEEMTER, K. (2003). User modeling as a goal in itself : an artificial companion for the elderly. *In 3rd Workshop on Personalization in Future TV (TV'03)*, Pittsburgh, PA, USA.

MERA, K., KUROSAWA, Y. et ICHIMURA, T. (2004). Emotion oriented intelligent system for elderly people. *In* NEGOITA, M., HOWLETT, R. et JAIN, L., éditeurs : *Knowledge-Based Intelligent Information and Engineering Systems*, volume 3214 de *Lecture Notes in Computer Science*, pages 1128–1135. Springer Berlin / Heidelberg.

MEYER, J. (2004). *Technology for Adaptive Aging*, chapitre Personal Vehical Transportation, pages 253–282. The National Academies Press.

MILLER, D., BRUCE, H., GAGNON, M., TALBOT, V. et MESSIER, C. (2011). Improving older adults' experience with interactive voice response systems. *Telemed J E Health*, 17(6):452–455.

MOLINER, P., IVAN-REY, M. et VIDAL, J. (2008). Trois approches psychosociales du vieillissement. Identité, catégorisations et représentations sociales. *Psychologie & neuropsychiatrie du vieillissement*, 6(4):245–257.

MONCRIEFF, S., VENKATESH, S. et WEST, G. A. W. (2007). Dynamic privacy in a smart house environment. *In IEEE Multimedia and Expo*, pages 2034–2037.

NISHIDA, Y., HORI, T., SUEHIRO, T. et HIRAI, S. (2000). Sensorized environment for self-communication based on observation of daily human behavior. *In international conference on intelligent robots and systems (IROS 200)*, pages 1364–1372, Kagawa, Japan.

PIGOT, H., GIROUX, S., MABILLEAU, P. et BOUCHARD, F. (2007). *Recherche interdisciplinaire en réadaptation et défis technologiques : nouvelles perspectives théoriques et réflexions cliniques*, volume 3, chapitre L'assistance cognitive dans les habitats intelligents pour favoriser le maintien à domicile. Les Publications du CRIR.

PORTET, F., VACHER, M., GOLANSKI, C., ROUX, C. et MEILLON, B. (2012). Design and evaluation of a smart home voice interface for the elderly — acceptability and objection aspects. *Personal and Ubiquitous Computing*, pages 1–18. Sous presse.

PRIVAT, R., VIGOUROUX, N. et TRUILLET, P. (2005). Etude du vieillissement sur les productions langagières et sur les performances en reconnaissance automatique de la parole. *Revue Parole*, pages 281–318.

REIDEL, K., TAMBLYN, R., PATEL, V. et HUANG, A. (2008). Pilot study of an interactive voice response system to improve medication refill compliance. *BMC Medical Informatics and Decision Making*, 8:46.

RIALLE, V., OLLIVET, C., GUIGUI, C. et HERVÉ, C. (2008). What Do Family Caregivers of Alzheimer's Disease Patients Desire in Smart Home Technologies ? Contrasted results of a wide survey. *Methods of Information in Medicine*, 47(1):63–69.

RIVIÈRE, C.-A. et BRUGIÈRE, A. (2010). *Bien viellir grâce au numérique*. FYP.

RODIN, J. (1986). Aging and health : effects of the sense of control. *Science*, 233(4770):1271–1276.

SADOUN, D. (2012). Peuplement d'une ontologie modélisant le fonctionnement d'un environnement intelligent guidée par l'extraction d'instances de relations. *In RECITAL 2012*, Grenoble, France.

SAKAI, R., PETEGHEM, S. V., van de SANDE, L., BANACH, P. et KAPTEIN, M. (2011). Personalized persuasion in ambient intelligence : The apstairs system. *In Second International Joint Conference on Ambient Intelligence (AmI 2011)*, pages 205–209.

SAKAMURA, K. (1990). Tron-concept intelligent house. *Japan Architect*, 65(4):35–40.

SHARKEY, A. et SHARKEY, N. (2012). Granny and the robots : ethical issues in robot care for the elderly. *Ethics and Information Technology*, pages 1–14. 10.1007/s10676-010-9234-6.

TALER, V., BAUM, S. R., CHERTKOW, H. et SAUMIER, D. (2008). Comprehension of Grammatical and emotinal prosody is imparaired in Alzheimer's Disease. *Neuropsychology*, 22(2):188–195.

VACHER, M., FLEURY, A., GUIRAND, N., SERIGNAT, J.-f. et NOURY, N. (2009). Speech recognition in a smart home : some experiments for telemonitoring. *In* CORNELIU BURILEANU, H.-N. T., éditeur : *From Speech Processing to Spoken Language Technology*, pages 171–179, Constanta (Romania). Publishing House of the Romanian Academy.

VACHER, M., ISTRATE, D., PORTET, F., JOUBERT, T., CHEVALIER, T., SMIDTAS, S., MEILLON, B., LECOUTEUX, B., SEHILI, M., CHAHUARA, P. et MÉNIARD, S. (2011a). The sweet-home project : Audio technology in smart homes to improve well-being and reliance. *In 33th Annual International Conference of the IEEE Engineering in Medicine and Biology Society (EMBC'11)*, pages 5291–5294, Boston, USA.

VACHER, M., PORTET, F., FLEURY, A. et NOURY, N. (2011b). Development of audio sensing technology for ambient assisted living : Applications and challenges. *International Journal of E-Health and Medical Communications*, 2(1):35–54.

VIPPERLA, R. C., WOLTERS, M., GEORGILA, K. et RENALS, S. (2009). Speech input from older users in smart environments : Challenges and perspectives. *In HCI International : Universal Access in Human-Computer Interaction. Intelligent and Ubiquitous Interaction Environments*, numéro 5615 de Lecture Notes in Computer Science. Springer.

WEISER, M. (1991). The computer for the 21st century. *Scientific American*, 265(3):66–75.

WÖLFEL, M. et MCDONOUGH, J. W. (2009). *Distant Speech Recognition*. Wiley, New York.

YERRAPRAGADA, C. et FISHER, P. (1993). Voice controlled smart house. *In IEEE Internationa Conference on Consumer Electronics*, pages 154—155, Rosemont, USA.

Interactions sonores et vocales dans l'habitat

Pierrick Milhorat[1], *Dan Istrate*[3], *Jérôme Boudy*[2], *Gérard Chollet*[1]

(1) Télécom ParisTech, 37-39 rue Dareau, 75014, Paris, France

(2) Télécom SudParis, 9 rue Charles Fourier, 91011 Evry Cedex, France

(3) ESIGETEL, 1 Rue du Port de Valvins, 77210 Avon Cedex, France

milhorat@telecom-paristech.fr, dan.istrate@esigetel.fr, jerome.boudy@it-sudparis.eu, chollet@telecom-paristech.fr

RÉSUMÉ

Cet article présente le système de reconnaissance son/parole en continu développé et évalué dans le cadre du projet européen CompanionAble. Ce système analyse le flux sonore en continu, détecte et reconnaît des sons de la vie quotidienne et des commandes vocales grâce à un microphone. L'architecture et la description de chaque module sont détaillées. Des contraintes ont été imposées à l'utilisateur et au concepteur, telle que la limitation du vocabulaire, dans le but d'obtenir des taux de reconnaissance et de rejet acceptables. Les premiers résultats sont présentés, les essais finaux sur le terrain du projet sont en cours dans une maison intelligente à Eindhoven.

ABSTRACT

Acoustic Interaction At Home

This paper describes a hands-free speech/sound recognition system developed and evaluated in the framework of the European Project CompanionAble. The system is able to work continuously on a distant microphone and detect not only vocal commands but also everyday life sounds. The proposed architecture and the description of each module are outlined. In order to have good recognition rate some constraints were defined for the user and the vocabulary was limited. First results are presented; currently project trials are underway.

MOTS-CLÉS: reconnaissance vocale, traitement du son, reconnaissance des sons, domotique.

KEYWORDS: hands-free speech recognition, sound processing, sound recognition, domotics.

1. Introduction

Le projet européen CompanionAble a pour objectif l'intégration d'un robot compagnon dans une maison intelligente à destination de seniors dépendants. Le robot sert d'interface entre les fonctionnalités de la maison (allumage/extinction des lumières, ouverture/fermeture des rideaux, lecture/pause de la chaîne Hi-Fi...) ainsi que d'assistant à la vie quotidienne. A l'aide de capteurs disséminés dans l'habitat (capteurs infra-rouges, capteurs d'ouverture de porte...) et de ses propres informations (caméra, ultrasons...), il assiste les résidents suivant des scénarios prédéfinis (entrée dans la maison, sortie, appel en visioconférence...) ou définis par l'utilisateur (rappel de l'agenda, alerte de prise de médicaments, objets placés dans les paniers du robot...).
Dans ce contexte, le robot, porteur d'un écran tactile, un écran interactif installé dans la cuisine et une tablette portative sont équipés d'une application graphique identique présentant toutes les fonctionnalités disponibles.
L'Institut Mines-Télécom est en charge de porter l'interaction vers une communication vocale. Un ensemble de commandes domotiques dérivées d'expérimentation pratiques a été établis auxquelles le système d'analyse acoustique doit réagir.
L'interaction avec les applications autres telles que l'agenda, les exercices cognitifs ou le contrôle du robot a également fait l'objet de définitions de commandes. Dans les deux cas, les commandes ne sont pas uniquement des mots mais des phrases complètes.
De nombreux travaux ont porté sur la reconnaissance vocale et les performances des systèmes commerciaux actuels démontrent leur généralisation à venir. La spécificité de nos travaux inclus dans ce projet réside dans la résolution du problème de la distance du microphone au locuteur. Celui-ci, unique, se trouve intégré au robot, soit à environ un mètre du sol et mobile. La distance au locuteur et le bruit environnant sont incontrôlables et variables. Les travaux de soustraction du bruit à l'aide de microphones enregistrant les sources de bruits ne s'appliquent pas aux conditions variables rencontrés lors des études d'usage préliminaires.
La deuxième section de cet article décrit le projet CompanionAble. Les sections 3 et 4 sont consacrées à la reconnaissance des sons. Vient ensuite la description du système de reconnaissance de la parole utilisé et adapté à ce contexte, en section 5. La sections 6 présente les évaluations du système. Les futurs axes de recherche et conclusions tirés de ce projet seront exprimés dans la dernière partie.

2. CompanionAble

CompanionAble est l'acronyme de Integrated Cognitive Assistive & Domotic Companion Robotic Systems for Ability & Security.

C'est un projet financé par la commission européenne qui réunit 18 partenaires académiques et industriels.

Les objectifs sont les suivants :

- combiner les capacités d'un robot « compagnon » mobile avec les fonctionnalités statiques d'un environnement intelligent.
- intégrer les données des capteurs de l'habitat à celles du robot
- créer un lien social entre les séniors et leurs proches et/ou leurs entourage médical
- améliorer la qualité de vie et l'autonomie des personnes dépendantes

Les partenaires sont localisés dans 7 pays, à savoir : la France, l'Allemagne, l'Espagne, l'Autriche, la Belgique, les Pays-Bas et le Royaume-Unis.

L'Institut Mines-Télécom (anciennement Groupe des Ecoles des Télécommunications) a pour rôle l'addition d'une interface vocale, d'un module multimodal de détection des situations de détresse et participe également à la localisation des personnes dans l'habitat. Cet article se concentre sur la partie acoustique des travaux.

Actuellement, le projet est entré dans une phase d'expérimentation pratique en situation réelles. Cela se déroulera à Eindhoven (Pays-Bas) et à Gits (Belgique) un panel d'utilisateurs potentiels sera amené à tester le système complet.

3. Architecture de traitement du son

Le son est acquis en continu par deux systèmes parallèles : l'un attribue un type au son (parole/son et type de son) tandis que l'autre transcrit la parole en texte. La figure 1 montre la communication entre les modules sonores qui utilise un protocole TCP/IP. Les sons reconnus ou les commandes vocales sont transmises au serveur du projet via un protocole SOAP. La reconnaissance vocale est filtrée par le module de reconnaissance des sons pour éviter les fausses alarmes (faux-positifs).

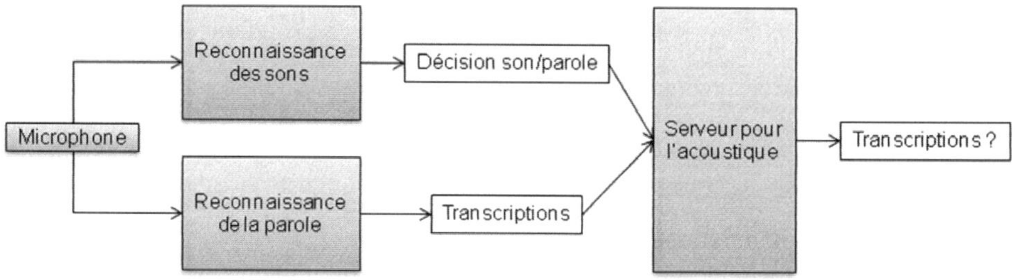

Figure 1 – Architecture de traitement des sons

4. Reconnaissance des sons

Le système de reconnaissance sonore consiste dans notre application en une séquence de deux procédés : un module de détection basé sur unetransformée en ondelettes et un module de reconnaissance hiérarchique (son/parole et classification des sons) basé sur des GMM (Rougui, 2009).

Les classes de sons utilisées lors des essais CompanionAble ont été apprises avec des enregistrements effectués avec un CMT (microphone produit par AKG) (Rougui, 2009) dans la maison SmartHomes à Eindhoven. Actuellement, le système dispose de 5 classes de son : chute d'objets, sonnette, clés, toux et applaudissements. Les classes de son ont été choisies pour la détection de situations de détresse et d'actions non parlées utiles pour le système domotique.

La sortie de la reconnaissance vocale est filtrée par le module de reconnaissance des sons pour empêcher une fausse commande associée à un son non parlé. Comme les deux modules tournent en parallèle, une synchronisation est requise. Le module sonore enregistre constamment les trois dernières décisions d'étiquetage sons/parole et décide de valider ou rejeter la reconnaissance vocale en fonction de la corrélation entre les deux.

Chaque module a été initialement évalué sur des bases de données. Les résultats de la classification des sons selon 15 classes sont de 80% de bonne reconnaissance . La reconnaissance parole/son a été et sera évaluée dans la maison SmartHomes ; les premiers résultats ont montré un taux avoisinant les 95%

5. Reconnaissance de la parole

Concernant le volet reconnaissance vocale, il se justifie, au sein du projet par la difficulté, voire l'incapacité d'une grande partie des utilisateurs cibles d'interagir avec un système informatique par le biais de menus sur des écrans tactiles. Les troubles cognitifs ou des problèmes de mobilité trop importants rendraient le système obsolète s'il n'était pas doté d'une interface vocale à distance. Les commandes interprétables portent sur l'interaction « face au robot » combiné avec l'affichage graphique et sur les interactions à distance. Les trois problématiques auxquelles nous proposons une solution sont :

- la reconnaissance de commandes vocales dans un environnement bruité pour lequel les sources de bruit sont inconnues
- la reconnaissance de commandes vocales à distance variable
- la reconnaissance de commandes vocales toujours active

Les centres d'expérimentation basés aux Pays-Bas et en Belgique flamande contraignent le projet à réaliser l'interface vocale du robot en hollandais.

Julius, développé par le Kawahara lab de Tokyo, a été sélectionné comme étant le décodeur le plus approprié pour une application basique état de l'art (Lee, 2008). Il permet une reconnaissance sur un large vocabulaire (60 000 mots) en temps quasi-réel grâce à un algorithme à deux passes. Il s 'appuie sur des modèles de langage N-grams et des modèles acoustiques encodées sous forme de modèles de Markov cachés. La modularité de ce moteur de reconnaissance permet de traiter une même entrée (audio) avec plusieurs modèles (acoustiques et de langage) différenciés selon les besoins.

Les modèles de Markov cachés des phonèmes composant le modèle acoustique hollandais ont été appris sur le Corpus Gesproken Nederlands (CGN). Cela représente 800 heures d'enregistrements audio transcrits dans lesquelles presque 9 millions de mots sont prononcés, faisant du CGN le plus grand corpus pour le hollandais contemporain. Les sources sont réparties entre des sources monolocuteurs et multilocuteurs, promptées ou spontanées.

Français	Fenêtre	Hollandais
Non	GoodBye Frame	Nee
Hector	Main Frame	Hector
Je reviens tout de suite	GoodBye Frame	Ik ben zo terug/Ik ga niet weg/Zo terug
Quelques jours	GoodBye Frame	Een paar dagen/Paar dagen
Environ une heure	GoodBye Frame	Een uurtje/Een uur/Uur
Affiche les appels manqués	Greeting Frame	Gemiste oproepen/Laat gemiste oproepen
Affiche la liste des choses à faire	Greeting Frame	Taken/Laat taken zien/Start taken

Table 1 – Exemple de commandes vocales

Étant données les conditions imposées (toujours actif, distance au microphone variable, variété des fonds sonores, etc...), des solutions ont été proposées pour améliorer la robustesse du système.

« **L'attention** »

Le gestionnaire du dialogue propose un moyen de limiter le nombre de faux-positifs avec l'utilisation d'un mot « d'attention ». Ce mot, quand il est détecté, accroît le niveau d'attention qui décroît avec le temps. Un niveau d'attention non nul déclenche le traitement et l'analyse des données de la reconnaissance. Par exemple, à l'état initial, le niveau d'attention est nulle : le module de reconnaissance vocale est toujours actif et transmet ces résultats, tant que le mot clé n'est pas détecté, les transcriptions sont ignorées par le gestionnaire de dialogue. Dès lors que le niveau d'attention est supérieur à 0, le dialogue s'engage, et le gestionnaire interprète toutes les commandes reçues. Tant que le dialogue est soutenu (soit par répétition du mot d'attention, soit par une évolution du dialogue), le niveau d'attention s'accroît alors que les silences, du point de vue du gestionnaire de dialogue diminuent la variable d'attention qui, si elle atteint sa valeur plancher (nulle) coupe l'interprétation. Le choix d'un mot d'attention le plus discriminatoire possible augmente l'efficacité d'un tel mécanisme.

La classification sons/parole

Un moteur de reconnaissance vocale tel que Julius cherche la séquence de mots qui correspond au mieux à la séquence de vecteurs acoustiques présentée selon les probabilités contenues dans la combinaison des modèles acoustiques et de langage. Il est possible de créer un mot « poubelle » qui remplacerait l'ensemble des mots dont le score de reconnaissance serait trop faible. Dans notre application, nous avons choisi de décoder systématiquement les sons de l'habitat. Ainsi, les bruits qui se distinguent de la parole sont mis en correspondance avec une séquence de mots erronée. La classification des sons en deux catégories (parole/non-parole) permet un filtrage des données acoustiques. Ce filtrage est effectué en parallèle du processus de reconnaissance pour conserver les aspects temps réel inhérents au projet.

L'adaptation

Les techniques d'adaptation qui auraient pu être utilisées ont été les premières à être implémentées et testées. Un modèle de langage (N-grams) a été élaboré sur un corpus de

plus de 57500 phrases dérivées d'expériences pratiques et de paraphrases.
Une comparaison entre deux procédures d'adaptation, Maximum A Posteriori (MAP) et Maximum Likelihood Linear Regression (MLLR), a été faite (Caon, 2011).
Le locuteur est le même pour toute l'expérience. Il a été enregistré et les fichiers audio sont joués par un haut-parleur. Comme prévu, étant donné le peu de donnée d'adaptation disponibles (10 phrases par locuteur), l'adaptation par MLLR donne donc les meilleurs résultats. Sans adaptation, 60% des allocutions ont été correctement retranscrites par Julius. Ce taux s'élève à 70% avec l'adaptation par MAP et 73% avec l'adaptation MLLR. De fait, MLLR a été confirmé comme la technique d'adaptation la plus idoine.

La combinaison de modèles de langage

Dans une première version de l'application, un N-gram unique, appris sur un corpus de 57 658 phrases a été utilisé. La voix de chaque utilisateur était adaptée avant l'utilisation du système : la reconnaissance est ciblée pour un utilisateur déterminé par l'adaptation préalable de sa voix. Cette première version présentait trop de « faux-positifs », i.e. de commandes non désirées lors de tests pratiques.
Dans le but d'améliorer à la fois les taux de rejet et de reconnaissance, un filtre, décris ci-dessous, a été implémenté.
Le gestionnaire de dialogue modélise le dialogue comme un ensemble de fenêtres (Müller, 2010). Celles-ci contiennent chacune un graphe du sous-dialogue pour lequel les transitions sont déclenchées par l'état de variables internes au robot ou par des actions de l'utilisateur (commande vocale, pression de bouton, excitation de capteur...). Une fenêtre devient active lorsque l'une de ses conditions suffisantes d'activation est remplie, ce sont les même type de variable que celles associées aux transitions intra-fenêtre. De fait, il est possible de construire une hiérarchie du dialogue. La fenêtre principale ou racine, initialement active, contient (uniquement) tous les déclencheurs des sous-dialogues. Les fenêtres contiennent des noeuds terminaux, ce qui permet une auto-désactivation et un retour à la fenêtre principale.

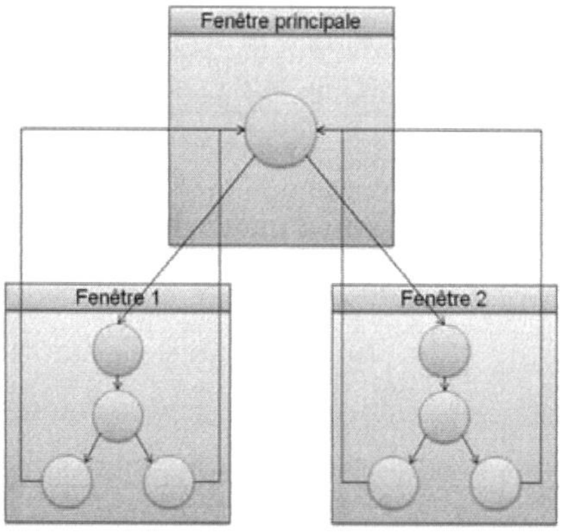

Figure 2 – Système de fenêtre du gestionnaire de dialogue

Les différentes sous-fenêtres ont été regroupées en 8 catégories. A chaque catégorie correspond un ensemble des commandes vocables possibles dans les sous-dialogues qui la compose. Pour chaque catégorie, un modèle de langage a été appris sur l'ensemble des commandes correspondantes.

Un 9ème modèle est appris sur l'ensemble des commandes vocales qui activent les sous-fenêtres, il est associé à la fenêtre principale.

Bien que le module de reconnaissance vocale ne connaisse pas l'état du dialogue (la fenêtre active) puisque la communication est uni-directionnelle pour garantir au mieux la synchronisation et parce que Julius le permet, 9 instances du décodeur, paramétrisées avec un modèle acoustique identique et un modèle de langage spécifique, analyse en parallèle les sons de l'habitat.

Cette méthode permet de favoriser en grande partie les commandes autorisées selon l'état du dialogue, cependant, elle aggrave les problèmes de rejet des allocutions en dehors de l'application.

Le test de similarité

La similarité entre deux hypothèses est mesurée en terme de distance de Levenshtein sur les mots. Elle cumule le nombre de substitution, d'ajout et de retrait de mots. De plus elle est ensuite divisée par la longueur des phrases, rendant alors une moyenne du nombre de différences par mots. La valeur de cette variable, relative à un seuil, définit la validation ou le rejet de l'hypothèse de commande vocale reconnu par l'instance du décodeur basée sur un vocabulaire restreint. Ce test permet de :

- confirmer les hypothèses correctes : une commande reconnue correctement (vrai-positif) par un décodeur spécialisé et reconnue correctement par le décodeur général est validé par le test, l'hypothèse fournie par le décodeur spécialisé est transmise.

- rejeter les hypothèses incorrectes : une commande reconnue incorrectement (faux-positif) par un décodeur spécialisé et reconnue correctement ou similairement par le décodeur général est rejetée par le test, l'hypothèse fournie par le décodeur spécialisé est ignorée.

- corriger les hypothèses partiellement incorrectes : une commande reconnue correctement par un décodeur spécialisé et reconnue similairement par le décodeur général est validée par le test, l'hypothèse fournie par le décodeur spécialisé est transmise.

Le modèle de langage général doit, dans cette configuration, pouvoir modéliser les séquences de mots définies dans les modèles de langage spécialisés. Il est donc nécessaire d'ajouter les commandes vocales dans le corpus d'apprentissage du modèle général, de plus, nous introduisons un poids à ces commandes. Le poids optimal a été défini expérimentalement comme étant 1000, i.e. les commandes vocales ont été ajoutées mille fois au corpus CGN avant l'apprentissage.

Finalement, le test de similarité ne s'effectue pas sur une transcription par décodeur, il a été découvert, expérimentalement, que l'utilisation des n meilleures hypothèses améliorait le taux de reconnaissance sans impacter sensiblement le taux de rejet :

- au vu de la taille des modèles de langage restreints, seule la meilleure hypothèse est comparée.

- plusieurs hypothèses (les 3 meilleures dans notre application) fournies par le décodeur général passent le test de similarité.

L'ensemble de ces améliorations ont été implémentées, pour certaines directement dans le code de Julius ou du gestionnaire de dialogue. Elles sont évaluées dans la section suivante.

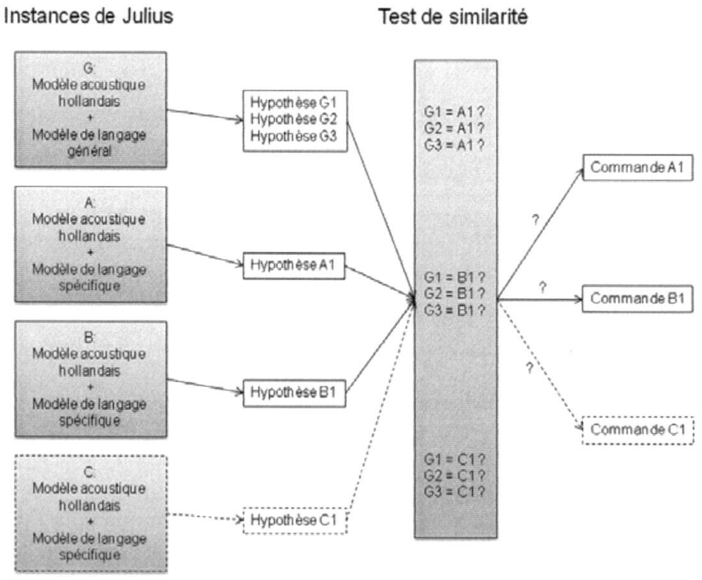

Figure 3 – Système de reconnaissance de la parole incluant le test de similarité

6. Évaluations

Une batterie de test pour éprouver la robustesse du système a été effectuée, nous présentons ici les résultats les plus probants et significatifs.

Pour l'ensemble des évaluations, un corpus de test a été préalablement enregistré auprès de 5 résidents hollandais. Chacun d'eux a enregistré 58 phrases : 10 phrases d'adaptation, 20 commandes de l'application, 22 allocutions hors application et 6 commandes dérivées. Une commande dérivée est une commande composée du vocabulaire de l'application mais dont la grammaire est inexacte.

L'installation de l'expérience est présenté schématiquement sur la figure 4. Les séquences sonores en hollandais sont produites par un haut-parleur et enregistrées par un microphone à distance variable. Un second haut-parleur, placé au-dessus du premier simule des bruits ambiants dans la seconde phase de l'expérience. Le volume sonore des locuteurs hollandais est ajusté aux situations réelles (environ 60 dBA).

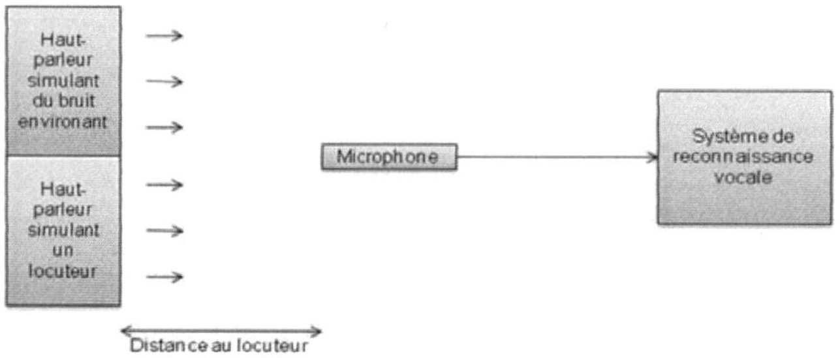

Figure 4 – Installation pour l'expérience

Lors d'une première phase, l'addition du test de similarité, le poids des commandes vocales dans le corpus d'apprentissage du modèle général et le nombre d'hypothèses présentées à la comparaison par le décodeur général sont évalué.

Dans le cas de commandes vocales autorisées par l'application, le décodeur de base, qui utilise un modèle unique de langage général comprenant les commandes vocales sans poids associé, obtient des résultats de reconnaissance de 15%. L'ajout du test de similarité sans modifier ce modèle de langage général porte le taux à 20% mais laisse apparaître des faux-positifs. Le système le plus évolué obtient des performances de 85% de reconnaissance pour un taux de faux-positifs nul.

Toutes les allocutions hors de l'application sont rejetées par le système.

En ce qui concerne les commandes dérivées, elles sont peu rejetées car proche des commandes réelles.

Système	Taux de reconnaissance	Taux de faux-positifs
Base + adaptation	15	0
Base + adaptation + test de similarité (poids des commandes : 1 ; hypothèses du décodeur général : 1)	20	10
Base + adaptation + test de similarité (poids des commandes : 1000 ; hypothèses du décodeur général : 1)	55	0
Base + adaptation + test de similarité (poids des commandes : 1000 ; hypothèses du décodeur général : 3)	85	0

Table 2 – Taux de reconnaissance correcte et de faux-positifs pour les commandes de l'application

Système	Taux de reconnaissance	Taux de faux-positifs
Base + adaptation	9.09	0
Base + adaptation + test de similarité (poids des commandes : 1 ; hypothèses du décodeur général : 1)	0	0
Base + adaptation + test de similarité (poids des commandes : 1000 ; hypothèses du décodeur général : 1)	0	0
Base + adaptation + test de similarité (poids des commandes : 1000 ; hypothèses du décodeur général : 3)	0	0

Table 3 – Taux de reconnaissance correcte et de faux-positifs pour des allocutions hors application

Système	Taux de reconnaissance	Taux de faux-positifs
Base + adaptation	16.67	0
Base + adaptation + test de similarité (poids des commandes : 1 ; hypothèses du décodeur général : 1)	33.33	0
Base + adaptation + test de similarité (poids des commandes : 1000 ; hypothèses du décodeur général : 1)	66.67	0
Base + adaptation + test de similarité (poids des commandes : 1000 ; hypothèses du décodeur général : 3)	66.67	0

Table 4 – Taux de reconnaissance correcte et de faux-positifs pour des commandes de l'application dérivées

La deuxième phase de l'expérience consistait en un test de résistance au bruit. Un second haut-parleur, simulant du bruit ambiant (non-stationnaire) est ajouté au dispositif. Cela a pour conséquence de diminuer les performances du système, autant du point de vue de la reconnaissance, que de celui du rejet.

Système	Taux de reconnaissance	Taux de faux-positifs
Machine à laver	74	11
Locuteur hollandais	53	11
Musique	47	5
Foule	42	11

Table 5 – Taux de reconnaissance correcte et de faux-positifs pour les commandes de l'application

Système	Taux de reconnaissance	Taux de faux-positifs
Machine à laver	0	0
Locuteur hollandais	0	0
Musique	0	0
Foule	0	3.64

Table 6 – Taux de reconnaissance correcte et de faux-positifs pour des allocutions hors application

Système	Taux de reconnaissance	Taux de faux-positifs
Machine à laver	40	0
Locuteur hollandais	60	0
Musique	20	0
Foule	60	0

Table 7 – Taux de reconnaissance correcte et de faux-positifs pour des commandes de l'application dérivées

7.Conclusion et perspectives

Le système présenté dans cet article propose de compléter l'interaction entre un robot et un humain par ajout de commandes vocales dans une maison intelligente. Le robot est toujours actif, tout comme doit l'être l'analyse des commandes vocales accessibles à tout moment. De par ces contraintes, la caractéristique la plus importante dont on doit tenir compte est la robustesse d'un tel système. Cela combine à la fois un taux de reconnaissance correct et un taux de rejet acceptable.

Un équilibre entre ces deux aspects doit être trouvé. Accepte-t-on de reconnaître des commandes erronées ? Peut-on demander à l'utilisateur de répéter plusieurs fois les commandes ? Pendant les tests pratiques précédents, il a été démontré que les faux-positifs perturbaient l'utilisateur et généraient des comportements inattendus. Pour parer à ce problème, les possibilités de commandes ont été restreintes, créant deux nouveaux obstacles. Les utilisateurs cibles sont des séniors qui pourraient avoir des difficultés à se rappeler les commandes précises. De plus, ils pourraient rapidement se désintéresser des fonctionnalités vocales s'ils perçoivent une fiabilité faible dans l'exécution des ordres qu'ils émettent.

Nous avons proposé, dans ce travail, d'expérimenter une combinaison de modèles de langage associée à un test de similarité pour améliorer la précision du système.

Un nouveau modèle de langage général a été construit à partir de la base néerlandaise CGN, supposons qu'il est capable de reconnaître n'importe quelle phrases en néerlandais ou une phrase proche. Une passe de la reconnaissance utilise un modèle de langage spécifique à l'application, voire à une partie de l'application. La similarité entre les deux sorties, i.e. la distance de Levenshtein entre les deux phrases, agit comme un filtre pour valider ou rejeter les sorties.

Ce système plus élaboré a démontré être plus robuste, autorisant un taux de reconnaissance correct ainsi que des cas limité de faux-positifs. Cependant, l'expérience a montré ses faiblesses dans le traitement et le rejet des allocutions courtes, i.e. phrases composées d'un seul mot. L'utilisation du mot-clé « d'attention » empêche la plupart du temps ce genre de situation de se produire.

Courant avril et mai de l'année 2012, des essais en situation réelle auront lieu à Eindhoven et Gits. Des couples de seniors sont invités à vivre dans une maison intelligente dans laquelle un robot compagnon interagira avec eux. Jusqu'à présent, le test en conditions réelles le plus significatif eu lieu dans cette même maison (Eindhoven) dans un environnement sonore stationnaire. Par stationnaire, il est entendu que des personnes parlaient dans les pièces voisines et que leur voix parvenaient dans la pièce de test sans qu'à elles seules elles ne déclenchent le processus de reconnaissance programmé pour être effectif à partir d'un certain niveau sonore perçu. Un locuteur néerlandais, qui avait précédemment adapté le modèle acoustique à sa voix, prononce dès lors les 168 commandes définies à ce moment. Il était autorisé à prononcer une seconde fois les commandes mal ou non reconnues au premier essai. Le taux de reconnaissances correctes constatées s'élève alors à 89%, constituant le seuil bas pour l'évaluation de l'évolution du système. Pour des raisons de respect de la vie privée, les essais pratiques à venir ne seront pas enregistrés, un protocole d'évaluation devrait être établi pour reporter les résultats significatifs et scientifiques.

8. Remerciements

Ce travail a été soutenu par le projet européen CompanionAble. Nous remercions AKG (Vienne) et SmartHome (Eindhoven) pour leur appui. Nous remercions également Daniel Caon et Pierre Sendorek pour leur aide dans les premières implémentations du système de reconnaissance.

9. Références

LEE, A. (2008). *The Julius Book.*

ROUGUI, J. E., ISTRATE, D. et SOUIDENE, W. (2009). Audio Sound Event Identification for distress situations and context awareness. *In EMBC2009*, September 2-6, Minneapolis, USA, pp. 3501-3504.

ROUGUI, J. E., ISTRATE, D., SOUIDENE, W., OPITZ, M. et RIEMANN, M. (2009). Audio based surveillance for cognitive assistance using a CMT microphone within socially assistive technology. *In EMBC2009*, September 2-6, Minneapolis, USA, pp.2547-2550.

CAON, D., SIMMONET, T., BOUDY, J. et CHOLLET, G. (2011). vAssist: The Virtual Interactive assistant for Daily Home-care. *In pHealth conference, 8th International Conference on Wearable Nano and Macro Technologies for Personalized Health*, Lyon, France.

MÜLLER, S., SCHROETER, C. et GROSS, H.-M. (2010). Aspects of user specific dialog adaptation for an autonomous robot. *In International Scientific Colloquium*, Ilmenau, Allemagne.

Reconnaissance d'ordres domotiques en conditions bruitées pour l'assistance à domicile

Benjamin Lecouteux, Michel Vacher, François Portet
Laboratoire Informatique de Grenoble, équipe GETALP
prénom.nom@imag.fr

RÉSUMÉ

Dans cet article, nous présentons un système de reconnaissance automatique de la parole dédié à la reconnaissance d'ordres domotiques dans le cadre d'un habitat intelligent en conditions réelles et bruitées. Ce système utilise un étage d'annulation de bruit qui est à l'état de l'art. L'évaluation du système proposé est effectuée sur des données audio acquises dans un habitat intelligent où des microphones ont été placés proche des sources de bruit (radio, musique...) ainsi que dans les plafonds des différentes pièces. Ce corpus audio, a été enregistré avec 23 locuteurs prononçant des phrases banales, de détresse ou de type domotique. Les techniques de décodage utilisant des connaissances *a priori* donnent des résultats en conditions bruitées comparables à ceux obtenus en conditions normales, ce qui permet de les envisager en conditions réelles. Cependant l'étage d'annulation de bruit semble beaucoup plus efficace pour annuler les bruits issus de la radio (parole) que ceux de type musicaux.

ABSTRACT

In this paper, we present a multisource ASR system to detect home automation orders in various everyday listening conditions in a realistic home. The system is based on a state of the art noise cancellation stage that feeds recently introduced ASR techniques. The evaluation was conducted on a realistic noisy dataset acquired in a smart home where a microphone was placed near the noise source and several other microphones were set in the ceiling of the different rooms. This distant speech French corpus was recorded with 23 speakers uttering colloquial or distress sentences as well as home automation orders. Techniques acting at the decoding stage and using a priori knowledge gave the best results in noisy condition compared to the baseline reaching good enough performance for a real usage. If broadcast news is easily handled by the noise canceller, improvements still need to be made when music is used as background noise.

MOTS-CLÉS : Domotique, habitat intelligent, parole distante, SRAP multisource, détection de mots clefs.

KEYWORDS: Home automation, smart home, distant speech, multisource ASRs, keyword detection.

1 Introduction

Les changements démographiques et le vieillissement dans les pays développés invitent à la réflexion sur la prise en charge de notre population. Par ailleurs, l'évolution technologique permet d'envisager de nombreuses possibilités en vue d'améliorer la qualité de vie et de soutenir les personnes âgées, afin de vivre dans leur propre maison avec un maximum d'autonomie. Une solution pour apporter cette assistance au quotidien est le développement des maisons intelligentes qui sont équipées de capteurs, d'actionneurs, d'automates et de logiciels centralisés, contrôlant une partie des appareils ménagers. Diverses méthodes d'interaction sont en cours d'élaboration dans ce cadre, mais l'une des plus prometteuses est la reconnaissance automatique de la parole (RAP). En effet, les interfaces vocales sont beaucoup plus adaptées pour les personnes ayant des difficultés à se déplacer ou à voir. La commande vocale est aussi particulièrement adaptée aux situations de détresse où une personne ne peut plus se déplacer après une chute : elle a la possibilité de demander de l'aide (Hamill *et al.*, 2009) . En outre, étant donné la complexité croissante des appareils électroménagers, une interface vocale semble plus naturelle qu'une interface tactile (Vovos *et al.*, 2005).

Alors que l'interaction vocale est une caractéristique souhaitable pour une maison intelligente, de nombreux verrous doivent être soulevés pour transférer cette technologie du laboratoire au domicile. L'un des enjeux majeurs est la mauvaise performance de la RAP en environnement bruyant (Vacher *et al.*, 2011). En effet, dans des conditions réalistes, la performance des systèmes de RAP (SRAP) diminue significativement dès que le microphone s'éloigne du locuteur. Cette détérioration est due à une grande variété d'effets, tels que la réverbération et la présence de bruits de fond (télévision, radio etc. (Wölfel et McDonough, 2009)). Tandis que les aspects linguistiques, de dialogue ou d'interface ont été étudiés en fonction de l'âge, (Vovos *et al.*, 2005; Hamill *et al.*, 2009; Vipperla *et al.*, 2009), la RAP dans les habitats intelligents n'a reçu d'attention que très récemment au sein de la communauté du traitement de la parole (Barker *et al.*, 2011).

Dans cet article nous présentons un système reconnaissant les ordres domotiques dans un habitat intelligent en conditions bruitées. Ce travail fait parti du projet Sweethome [1] introduit dans la section 2. L'approche proposée est basée sur un étage d'annulation de bruit et un SRAP multi-source qui utilise des connaissances *a priori* pour améliorer la reconnaissance des ordres domotiques. Cette plateforme est présentée dans la section 3. Les expériences et résultats sont présentés dans la section 4, puis nous concluons.

2 Contexte de l'étude et des données utilisées pour l'évaluation

Cette étude a été effectuée dans le contexte du projet Sweethome (`http://sweet-home.imag.fr`) et s'articule autour de la conception d'un habitat intelligent doté de RAP ; permettant une interaction (ordres domotiques) et une détection des situations de détresse. Grâce à cet habitat, les personnes seront capables de piloter de n'importe quel endroit de la maison leur environnement.

1. Cette étude a été financée par l'Agence Nationale de la Recherche dans le cadre du projet Sweet-Home (ANR-2009-VERS-011). Nous remercions particulièrement les différentes personnes qui ont accepté de participer aux enregistrements.

```
Commande          = clef commande_départ objet |
                    clef commande_arrêt [objet] |
                    clef commande_aide
clef               = "Nestor" | "maison"
commande_arrêt       = "stop" | "arrête"
commande_départ   = "ouvre" | "ferme" | "baisse" | "éteins" | "monte" |
                    "allume" | "descend" | "appelle"
commande_aide = "au secours" | "à l'aide"
objet            = [determiner] ( appareil | personne | organisation)
déterminant        = "mon" | "ma" | "l'" | "le" | "la" | "les" | "un" | "des" |
                    "du"
appareil            =  "lumière" | "store" | "rideau" | "télé" | "télévision" |
                     "radio"
personne            = "fille" | "fils" | "femme" | "mari" | "infirmière" |
                    "médecin" | "docteur"
organisation      = "samu" | "secours" | "pompiers" | "supérette" | "supermarché"
```

FIGURE 1 – Grammaire générant les ordresdomotiques

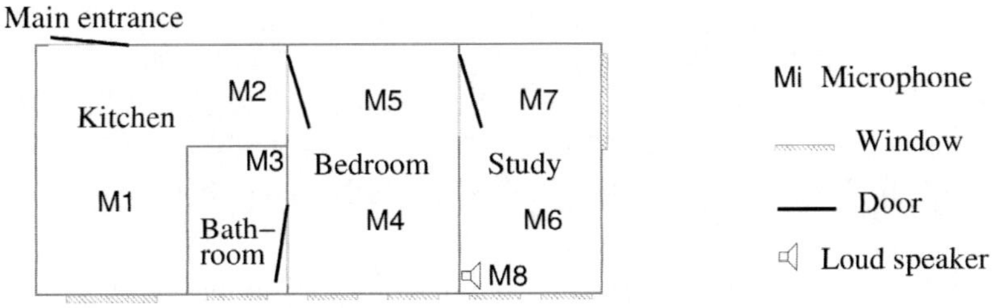

FIGURE 2 – Position des microphones dans l'appartement domus

Dans cette étude les ordres domotiques ont été définis en utilisant une grammaire (Figure 1). Nos précédentes études ont montré que les utilisateurs préfèrent des phrases courtes à des phrases plus longues (et naturelles) pour piloter leur environnement (Portet *et al.*, ress). Chaque ordre est classifié dans une des catégories suivantes : commande initiale, commande d'arrêt, appel de détresse. A l'exception des appels de détresse, toutes les commandes commencent par un mot clef permettant de lever l'ambiguïté sur les phrases prononcées. Dans nos expériences, le mot clef est **Nestor** (qui représente l'entité intelligente de l'habitat) :

L'environnement dans lequel la RAP est effectuée est montré dans la figure 2. C'est un appartement de plein pied de 30 m^2 mis en place par l'équipe MULTICOM du LIG. Cet appartement comprend une salle de bain, une cuisine, une chambre et un bureau. Toutes les pièces sont équipées de capteurs et d'interrupteurs reliés à un réseau central. Par ailleurs 7 microphones ont été installés dans les plafonds et enregistrent en temps réel le flux grâce à un pc muni d'une carte audio 8 canaux (Vacher *et al.*, 2011). Pour les expériences proposées dans cet article, un huitième microphone a été placé face au haut parleur qui sera source de bruit (radio, musique). Cette étude se rapproche ainsi du cadre réel où l'utilisateur est distant des micros, et en présence d'un bruit environnant issu de sa chaîne Hi-Fi.

A notre connaissance aucune base d'ordres domotiques en Français en conditions bruitées n'a déjà été créée. Nous avons conduit une phase d'enregistrements de phrases mélangeant à la fois des phrases neutres, des ordres domotiques et des appels de détresse. Afin d'être dans des conditions aussi réalistes que possible, deux types de bruits de fond ont été générés lorsque l'utilisateur parlait : un journal radiophonique et de la musique classique. Cette source de bruit a été générée par les deux haut-parleurs de la chaîne Hi-Fi de l'appartement ; l'un des hauts parleurs est enregistré dans le cadre de l'expérience. Il est à noter que ces conditions n'ont rien à voir avec des mélanges de sources artificiellement mélangées.

Bruit de fond	Bureau	Chambre	Salle de bains	Cuisine
Rien	30	30	30	30
Musique (Radio)	30	30	-	-
Parole (journal à la radio)	30	30	-	-

TABLE 1 – Nombre de phrases en fonction de la pièce (Phase 2)

Le protocole se décompose en deux phases. Au cours de la **Phase 1**, les participants sont placés dans le bureau, ferment la porte et lisent un texte de 285 mots. Ce texte sera utilisé par la suite dans l'objectif d'adapter les modèles acoustiques du SRAP. Dans la **Phase 2**, les participants doivent prononcer 30 phrases par pièce dans différentes conditions : sans bruit, avec radio ou avec musique. La Table 1 résume les conditions et les lieux d'enregistrement. Chaque séquence de 30 phrases a été composée par une sélection aléatoire de 21 ordres domotiques (9 sans mots clefs initiaux), 2 appels de détresse ("À l'aide", "Appelez un docteur"), et 7 phrases neutres ("Bonjour" , "J'ai bien dormi"). Les participants ne prononcent pas les même phrases. La radio et la musique sont par contre toujours identiques, mais démarrés au bout d'un laps de temps aléatoire pour chaque participant.

23 personnes (dont 9 femmes) ont participé aux expériences. L'âge moyen des participants est de 35 ans (19 à 64 ans). Aucune instruction n'a été donnée aux participants sur la manière dont ils devaient prononcer leurs phrases. La distance entre le locuteur et le microphone le plus proche est généralement de 2 mètres. La durée totale des expériences est quant à elle de 5 heures.

A la fin de l'expérience, la phase 1 représente un total de 36 mn pour 351 phrases, et la phase 2 représente un total de 2h30 pour 5520 phrases dont 38 minutes en condition radio et 37 mn en condition musique (2760 phrases en conditions bruitées). Chaque phrase a été manuellement annotée sur le canal de meilleur rapport signal bruit.

En conditions normales, 1076 ordres domotiques sont prononcés et 348 appels de détresse sont effectués contre respectivement 489 et 192 pour la radio en fond ; 412 et 205 avec la musique en fond.

3 Approches proposées pour un SRAP robuste

Afin de détecter les ordres domotiques dans le contexte de Sweethome, nous proposons une approche à trois étages. Le premier détecte les activités de parole dans le flux audio, le second extrait les meilleures hypothèses en utilisant un SRAP et le dernier identifie l'objet de ce qui est prononcé. Le premier étage est décrit dans (Vacher *et al.*, 2011).

Pour résoudre les problèmes du contexte Sweethome (bruit, parole distante) et pour bénéficier de ce dernier (microphones multiples), nous proposons de tester l'impact de techniques nouvelles ou état de l'art permettant de fusionner les flux à trois niveaux différents du processus de décodage : acoustique, décodage et sorties des SRAP (**?**). Malgré de bons résultats les méthodes proposées n'incluaient pas de traitement du bruit de fond. Cette section se concentre donc sur les techniques implémentées pour l'annulation de bruit dans le cas de sources connues ; en réutilisant les méthodes proposées dans nos précédents travaux.

3.1 Suppression de bruits dont la source est connue

L'écoute de la radio ou de la TV sont des activités fréquentes dans la vie quotidienne. Mais ces appareils peuvent impacter un SRAP à deux niveaux : les sons émis par la personne dans l'appartement sont altérés par le bruit de fond ; quant aux informations issues de la radio ou télévision elles peuvent être décodées à tort par le SRAP. Dans cette configuration, nous proposons d'annuler le bruit de fond en utilisant des méthodes d'annulation d'écho (AEC).

Le processus AEC est décrit dans la Figure 3. Le son émis par une source de bruit $x(n)$ (dans notre cas le haut parleur de la chaîne hi-fi) est altéré par l'acoustique de la pièce. Le bruit résultant de cette altération $y_b(n)$ peut être exprimé sous la forme d'un produit de convolution dans le domaine temporel $y_b(n) = h(n) * x(n)$, h étant la réponse impulsionnelle de la pièce et n le temps discrétisé. Ce bruit est alors mélangé avec le signal qui nous intéresse $e(n)$ émis dans la pièce (la parole). Le signal enregistré par le microphone devient alors : $y(n) = e(n) + h(n) * x(n)$. Afin d'annuler le bruit, un filtre adaptatif (Vacher *et al.*, 2009) estime la réponse impulsionnelle de la pièce $\hat{h}(n)$ et utilisé pour restituer une estimation du signal original $e(n)$ suivant l'équation : $v(n) = e(n) + y_b(n) - \hat{y}(n) = e(n) + h(n) * x(n) - \hat{h}(n) * x(n)$

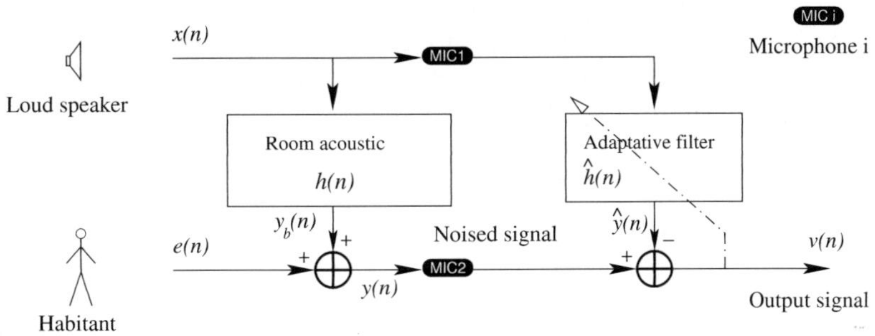

FIGURE 3 – Principe de l'annulation d'écho appliquée à l'annulation de bruit

Le filtre de bruit est adapté en utilisant la valeur résiduelle $v(n)$ conduisant à un système d'adaptation où v est la rétroaction. Au début du processus, un certain temps est nécessaire pour estimer $\hat{h}$ et minimiser l'erreur : c'est le temps de convergence. Si aucun signal $x(n)$ n'est présent, l'adaptation du filtre tend à diverger en raison des paramètres y_b et $\hat{y}$ qui deviennent nuls. Ainsi l'AEC doit être appliqué uniquement lorsque le bruit de fond est présent. Il est aussi nécessaire que e reste proche de zéro sinon le signal utile (ici l'ordre domotique) est considéré comme un bruit additif et l'adaptation devient instable. Pour éviter ce problème, l'annulation d'écho robuste nécessite un réglage. Nous avons utilisé la bibliothèque SPEEX dont l'étape d'AEC est basée sur l'algorithme de (Valin et Collings, 2007). La suppression du bruit a été effectuée séparément sur les 7 canaux.

3.2 Détection des ordres domotiques

Une fois le bruit filtré les canaux sont décodés par le SRAP Speeral (Linarès *et al.*, 2007) du LIA (Laboratoire Informatique d'Avignon). Étant donné le champ d'application de Sweethome et ses contraintes temps-réel, Speeral est configuré en 1xRT (temps réel). Au niveau du décodage une nouvelle version du DDA (Driven Decoding Algorithm) a été utilisé dans Speeral. DDA aligne et corrige des transcriptions a priori en utilisant un SRAP (Lecouteux *et al.*, 2008). Cet algorithme améliore les performances du décodage en s'appuyant sur la disponibilité des informations *a priori* (prompts, scénarios etc.)

Dans le contexte d'un habitat intelligent, nous n'avons pas la connaissance de ce que les locuteurs vont prononcer. Cependant le système connaît la composition des ordres domotiques et possède plusieurs micros. Il est alors possible d'utiliser DDA pour combiner efficacement plusieurs microphones en guidant un microphone par le décodage issu d'un autre. Ainsi à chaque nouvelle hypothèse explorée par le SRAP, cette dernière est alignée avec le décodage d'un autre micro. Un score d'alignement α est alors calculé pour biaiser le modèle de langage (Lecouteux *et al.*, 2008) :$\tilde{P}(w_i|w_{i-1},w_{i-2}) = P^{1-\alpha}(w_i|w_{i-1},w_{i-2})$ où $\tilde{P}(w_i|w_{i-1},w_{i-2})$ est la nouvelle probabilité du trigramme et $P(w_i|w_{i-1},w_{i-2})$ est sa probabilité initiale.

La stratégie proposée est dynamique et utilise pour chaque phrase à décoder deux canaux. Cette approche a été améliorée pour prendre en compte des connaissances *a priori* sur les phrases attendues. Le SRAP est alors guidé par les ordres vocaux reconnus durant la première passe : les segments de parole du premier canal sont projetés dans les 3 meilleurs ordres domotiques (la mesure étant une distance d'édition) possibles qui vont alors guider la seconde passe, comme présenté dans (?). Cette approche présente plusieurs avantages : la vitesse du second SRAP est augmentée par la présence de la transcription approchée (seulement 0.1x le temps réel), DDA permet de combiner efficacement l'information des deux canaux, enfin DDA permet d'introduire une grammaire flexible au sein du décodage.

4 Expériences et résultats

Dans toutes les expériences, le corpus de la phase 1 a été utilisé pour le développement et l'apprentissage. La Phase 2 a été utilisée pour l'évaluation. Cette section présente les spécifications du SRAP et les résultats expérimentaux pour les différentes approches.

4.1 Les modèles du SRAP

Les modèles acoustiques ont été entraînés sur 80 heures de parole annotées. Par ailleurs, les modèles sont adaptés pour chacun des locuteurs via une MLLR sur les données de la phase 1. Pour le décodage, un modèle de langage 3-gramme est utilisé avec un lexique de 10K mots. Ce modèle est issu de la combinaison d'un modèle générique (10%) avec un modèle spécialisé appris sur la grammaire d'ordres domotiques (90%). Le modèle générique (1000M mots) a été appris sur des données issues du journal *Le Monde* et du corpus *Gigaword*. La combinaison biaise le comportement du SRAP tout en permettant de décoder des phrases "hors domaine". Un modèle probabiliste a été préféré à une grammaire déterministe afin d'avoir plus de flexibilité dans des situations parfois éloignées d'un cadre expérimental parfait.

4.2 Résultats

Les résultats des différentes approches sont présentés dans la Table 2. Dans cette étude, nous nous intéressons à la détection des ordres domotiques ou de détresse. Nous avons ainsi trois

Méthode	rappel ordres domotiques	rappel détresse	précision détresse	rappel phrases neutres
Sans bruit	62.1(±16.9)	84.2(±29.2)	88.8(±18.5)	97.5(±5.2)
Sans bruit+DDA	**92.7**(±10.1)	**87.2**(±27.3)	**89.0**(±18.1)	**97.9**(±5.2)
radio	29.3 (±23.5)	74.3(±22)	73.7(±19.8)	94.5(±4.8)
radio + DDA	**57.2**(±30.8)	**75.2**(±22.1)	**74.7**(±19.9)	**94.6**(±5)
radio+débruitage	42.6 (±21.1)	79.4(±19.4)	87.5(±17.6)	97.2(±3.8)
radio+DDA+débruitage	**83.5**(±16.1)	**81.2**(±19.1)	**88.0**(±18.2)	**97.8**(±3.9)
Music	59.0(±21)	81.6(±27.6)	87.3(±16.2)	96.8(±4)
Musique+DDA	**90.6**(±15)	**82.5**(±26.1)	**87.6**(±16.1)	**97.1**(±3.9)
Musique+débruitage	46.9(±23.8)	64.5(±36.4)	79.7(±27.1)	94.8(±5.3)
Musique+DDA+débruitage	**79.2**(±16.5)	**66.5**(±34.3)	**80.7**(±27.2)	**95.1**(±4.8)

TABLE 2 – Détection d'ordres domotiques et de phrases de détresse dans trois configurations : musique, radio et sans bruit

classes : ordre domotique, appels de détresse et phrases neutres. La reconnaissance est évaluée en utilisant le triplet rappel/précision/F-mesure :

$$rappel = \frac{nombre\ de\ phrases\ correctement\ attribuees\ a\ une\ classe}{nombre\ de\ phrases\ de\ la\ classe}$$
$$precision = \frac{nombre\ de\ phrases\ correctement\ attribuees\ a\ une\ classe}{nombre\ de\ phrases\ attribuees\ a\ la\ classe}$$
$$F-mesure = \frac{2.rappel.precision}{precision + rappel}$$

Au cours de la détection un ordre domotique ou de détresse est reconnu comme tel uniquement s'il correspond parfaitement à la grammaire. Dans tous les autres cas, il est classifié comme neutre. Pour chaque approche, les résultats présentés sont moyennés pour les 23 locuteurs. Pour comparaison, des expériences en conditions non bruitées sont présentées.

Les expériences sans bruits environnants montrent un rappel des ordres domotiques de 62% et 84% pour les phrases de détresse. La meilleure détection des phrases de détresse s'explique par le petit nombre de possibilités d'expressions de détresses comparé au nombre possible d'ordres domotiques (400). Quand le DDA est utilisé, la détection des ordres domotiques monte à 92.7% et la détection des ordres de détresse augmente très légèrement. L'impact est plus grand pour les ordres domotiques car DDA introduit directement une grammaire dans le SRAP et dans le cas des phrases de détresse, il agit comme une simple combinaison entre deux canaux.

Dans le cas d'un environnement bruité de type radio, le rappel des ordres domotiques est de 29.3% tandis que le rappel des ordres de détresse baisse à 74.3%. L'introduction du DDA améliore la détection des ordres domotiques de 57.2% relatifs mais n'a pas d'effet sur les appels de détresse. En utilisant le système d'annulation de bruit, la détection des ordres domotiques et de détresse sont très largement améliorés. Finalement, la meilleure configuration est obtenue en combinant les deux approches : la détection d'ordres domotiques atteint ainsi 83.5% et la détection des phrases de détresse atteint 81.2%.

Dans le contexte musical les résultats sont surprenants sur deux aspects. La musique ne semble pas impacter outre mesure les résultats du SRAP. Lorsque l'annulation de bruit est utilisée les performances se dégradent sensiblement. Le seul locuteur pour lequel nous avons observé une amélioration était dans un environnement où la musique avait été réglée extrêmement fortement (par erreur). Quant au DDA, il améliore les résultats dans toutes les conjonctions excepté dans le cas d'une combinaison avec l'annulation de bruit.

Dans toutes les configurations, la précision de la détection des ordres domotiques est améliorée en utilisant DDA : le taux de reconnaissance est supérieur à 80%. L'approche basée sur l'annulation de bruit montre des améliorations significatives dans le cadre d'émissions radio mais n'est pas adaptée à d'autres types de bruits. Ce dernier point n'est pas surprenant pour une méthode avant tout dédiée à traiter des données audio de type voix.

5 Conclusion

Cet article décrit une approche pour la détection d'ordres domotiques dans un habitat intelligent où les informations audio sont capturées par des microphones distants du locuteur. Notre approche permet d'être efficace dans des conditions bruitées. L'équipement de cet habitat permet de connaître les médias allumés (télévision, radio etc.) : nos expériences prennent en compte cet aspect en utilisant à la source les équipements générant du bruit (via des micros). L'approche proposée s'effectue donc à deux niveaux : acoustique (annulation de bruit parasite) et décodage par introduction à la volée d'une grammaire d'ordres domotiques (DDA).

D'excellents résultats ont été obtenus. En utilisant le DDA, plus de 80% des ordres domotiques ou phrases de détresses sont détectés à la fois en conditions non bruitées et bruitées. Le DDA a montré les améliorations les plus importantes, tandis que la méthode d'annulation de bruit ne fonctionne que dans le cas d'émissions radiophoniques et montre des dégradations en cas d'utilisation avec de la musique. Ce résultat peut en partie s'expliquer par le fait que le système d'annulation de bruit est à la base prévu pour de l'annulation de voix et s'avère moins adapté à la musique. En contrepartie le SRAP et le DDA sont beaucoup moins perturbés par la musique que par la radio : le spectre musical est sans doute filtré par les modèles acoustiques. Nos prochains travaux s'articuleront autour du type de bruits (voix, musique...) afin de sélectionner à la volée la meilleure approche de décodage.

Références

BARKER, J., CHRISTENSEN, H., MA, N., GREEN, P. et VINCENT, E. (2011). The PASCAL 'CHiME' Speech Separation and Recognition Challenge. *In InterSpeech 2011*. (to appear).

HAMILL, M., YOUNG, V., BOGER, J. et MIHAILIDIS, A. (2009). Development of an automated speech recognition interface for personal emergency response systems. *Journal of NeuroEngineering and Rehabilitation*, 6.

LECOUTEUX, B., LINARÈS, G., ESTÈVE, Y. et GRAVIER, G. (2008). Generalized driven decoding for speech recognition system combination. *In Proc. IEEE ICASSP 2008*, pages 1549–1552.

LINARÈS, G., NOCÉRA, P., MASSONIÉ, D. et MATROUF, D. (2007). The LIA speech recognition system : from 10xRT to 1xRT. *In Proc. TSD'07*, pages 302–308.

PORTET, F., VACHER, M., GOLANSKI, C., ROUX, C. et MEILLON, B. (in press). Design and evaluation of a smart home voice interface for the elderly — Acceptability and objection aspects. *Personal and Ubiquitous Computing*.

VACHER, M., FLEURY, A., GUIRAND, N., SERIGNAT, J.-f. et NOURY, N. (2009). Speech recognition in a smart home : some experiments for telemonitoring. *In* CORNELIU BURILEANU, H.-N. T., éditeur : *From Speech Processing to Spoken Language Technology*, pages 171–179, Constanta (Romania). Publishing House of the Romanian Academy.

VACHER, M., PORTET, F., FLEURY, A. et NOURY, N. (2011). Development of Audio Sensing Technology for Ambient Assisted Living : Applications and Challenges. *International Journal of E-Health and Medical Communications*, 2(1):35–54.

VALIN, J.-M. et COLLINGS, I. B. (2007). A new robust frequency domain echo canceller with closed-loop learning rate adaptation. *In Proc. IEEE Int. Conference on Acoustics, Speech and Signal Processing, ICASSP'07*, volume 1, page 93–96, Honolulu, Hawaii, USA.

VIPPERLA, R. C., WOLTERS, M., GEORGILA, K. et RENALS, S. (2009). Speech input from older users in smart environments : Challenges and perspectives. *In HCI International : Universal Access in Human-Computer Interaction. Intelligent and Ubiquitous Interaction Environments.*

VOVOS, A., KLADIS, B. et FAKOTAKIS, N. (2005). Speech operated smart-home control system for users with special needs. *In Proc. InterSpeech 2005*, pages 193–196.

WÖLFEL, M. et MCDONOUGH, J. (2009). *Distant Speech Recognition*. Published by Wiley.

Voix HD : un nouvel enjeu pour le traitement de la parole chez les personnes âgées

Anne Vanpé[1,2] *Hervé Provost*[1] *Nicolas Vuillerme*[2]
(1) Orange-Labs, BIZZ/VMC/SAM, Meylan
(2) AGIM, FRE 3405, CNRS-UJF-EPHE-UPMF
{anne.vanpe;herve.provost}@orange.com, Nicolas.Vuillerme@agim.eu

RESUME

L'analyse automatique de la parole représente un intérêt et un potentiel important pour le maintien à domicile des personnes âgées. Elle requiert actuellement l'utilisation de microphones permettant l'enregistrement d'un signal sonore de qualité, nécessaire à la gestion complexe des spécificités acoustiques de la voix des personnes âgées. Toutefois, cette méthodologie pose le problème du passage à l'échelle lors d'expérimentations. Nous pensons que l'utilisation du téléphone pourrait favoriser cette extension: plus de personnes touchées, des coûts réduits, l'automatisation des enregistrements et analyses possible... Cependant, s'il semble intéressant, le téléphone présente l'inconvénient de dégrader le signal audio.
Nous présentons ici la technologie *Voix HD*, nouvellement déployée par les principaux opérateurs de télécommunication, qui permet de lever ce verrou technologique. Assurant la transmission d'un signal audio de qualité, ce label pourrait constituer un outil efficace et approprié pour le traitement de la parole chez les personnes âgées.

ABSTRACT

***HD Voice* : a new issue for voice processing in elderly**

Use of automatic speech analysis is an interest and a great comer for home care of elderly. At the moment, it needs the use of microphone for recording a quality sound signal that is necessary for the complex processing of acoustic specificities of elderly voice. However, this methodology prevents experiments spreading. We think that the use of phone would be able to help this scaling up: more tested persons, less costs, possible automation of recordings and analysis... Phone seems to be interesting, but decreases audio signal quality.
We present here the HD Voice technology, newly supported by the main telcos, that allows to remove this technological bottle-neck. Ensuring a phone transmission of high quality audio signal, this seal of approval could constitute an efficient and suitable tool for speech processing in elderly people.

MOTS-CLES : téléphone, *Voix HD*, traitement de la parole, personnes âgées, maintien à domicile, gérontechnologie.
KEYWORDS: telephone, *HD Voice*, automatic speech processing, elderly people, home care, gerontechnology.

1 Introduction

L'analyse automatique de la parole représente un intérêt et un potentiel important pour le maintien à domicile des personnes âgées. En effet, la raison même de la proposition de cet atelier réside dans le vieillissement croissant de la population, couplé au manque de place dans les institutions spécialisées destinées aux séniors. Le maintien à domicile représente ainsi un enjeu sociétal actuel majeur, qui nécessite le développement de nouvelles technologies améliorant le confort, le bien-être et la sécurité des personnes âgées vivant à domicile. Parmi ces technologies, certaines cherchent à exploiter la parole de ces personnes, à des fins d'amélioration du confort d'interaction au sein d'habitats intelligents, ou encore pour évaluer leur santé et éventuellement détecter certains symptômes annonciateurs d'une maladie de type dégénérative (Vacher, 2011).

Ce type d'étude en traitement de la parole nécessite actuellement l'utilisation de microphones permettant l'enregistrement des signaux vocaux de bonne qualité. Cette qualité de signal est d'autant plus indispensable que la voix des personnes âgées possède des spécificités acoustiques qui rendent les post-traitements des enregistrements vocaux (analyse de certains paramètres ou reconnaissance vocale) intrinsèquement complexes. Toutefois, le microphone *per se* est une contrainte qui gène les expérimentations pour passer à l'échelle.

Nous rappellerons d'abord en quoi le traitement de la parole représente l'un des enjeux du maintien à domicile (partie 2), avant de présenter en quoi un outil tel que le téléphone peut être intéressant méthodologiquement pour le domaine du traitement de la parole chez les personnes âgées (partie 3), en particulier s'il utilise la technologie *Voix HD.* Nous présenterons ainsi cette technologie (partie 4), puis en mentionnerons certaines perspectives (partie 5).

2 Le traitement de la parole : un des enjeux du maintien à domicile

Face à une population vieillissante qui exprime sa large préférence pour rester à domicile, le traitement du son, et particulièrement de la parole, sont devenus de nouveaux enjeux pour les technologies destinées à favoriser le maintien à domicile. Entre autres, « assurer une assistance domotique par une interaction naturelle (avec commandes vocales et tactile) » et « apporter plus de sécurité par la détection de situations de détresse ou d'effraction » sont par exemple deux des objectifs du projet Sweet Home[1] (mené par le laboratoire LIG, en collaboration avec d'autres partenaires).

Au sein de ce projet, des études ont mis en évidence les difficultés à surmonter dans ce domaine. En effet, le traitement de la parole peut permettre de mettre en place une interaction facile naturelle entre personnes âgées et technologies (*e.g.* Kumiko et al., 2004), reconnaître des appels de détresse (Vacher, 2011) ou encore détecter certains symptômes annonciateurs d'une maladie de type dégénérative (Lee et al., 2011).

Toutefois, certaines contraintes technologiques, ainsi que les spécificités acoustiques de la voix des personnes âgées, complexifient considérablement cette tâche (Vacher et al., 2010). D'une part, la nature des technologies utilisant la voix pour le maintien à domicile, notamment dans le cadre des habitats intelligents, nécessite souvent un traitement de la parole distante, bruitée et multi-source, et dans la majorité des cas, un

---

[1] Citations issues du site officiel du projet : http://sweet-home.imag.fr/index.php?choix=projet.

système robuste et fiable (notamment pour les systèmes liés à la santé ou la sécurité de la personne).

D'autre part, la voix des personnes âgées et, plus globalement, leur manière de parler, présente un certain nombre de particularités, liées aux changements physiologiques progressifs liés à la vieillesse, ou à leur perte de capacités cognitives et de contrôle moteur (*e.g.* Wilpon et Jacobsen, 1996 ; Linville, 1996 et 2002 ; Zellner-Keller, 2006 ; Gorham-Rowan et Laures-Gore, 2006 ; Hooper et Craidis, 2009 ; Vipperla, 2009) : hypo-articulation, taux de parole plus lent que chez les adultes actifs, F0 plus basse chez les femmes, *jitter* et *shimmer* plus élevés, intensité plus faible, diminution globale de l'énergie, augmentation du bruit, organisation temporelle de la parole différente, ou encore syntaxe et vocabulaire plus simples.

Lors des études portant sur la parole des personnes âgées, l'utilisation de microphones de bonne qualité est ainsi indispensable dans la majorité des cas (*e.g.* Vacher, 2011). Cette méthodologie requière l'acquisition de données vocales dans les meilleures conditions d'enregistrement possibles. Cela passe souvent par des interviews en face à face, de manière à contrôler au maximum le contenu et les modalités de l'enregistrement. Leur inconvénient est en particulier d'être coûteux en temps et en argent, ce qui rend difficile le passage à l'échelle de ces études, que cela soit lié à l'effectif ou à une répartition géographique large, de manière à obtenir de gros corpus de voix.

3 L'utilisation du téléphone pour passer à l'échelle lors des expérimentations

Nous pensons que l'utilisation du téléphone pourrait être une alternative intéressante à l'utilisation des microphones. D'un point de vue méthodologique, l'utilisation de cet outil qu'est le téléphone pourrait permettre aux études de passer à l'échelle : plus de personnes touchées, des coûts réduits, l'automatisation des enregistrements et des analyses possible, etc. Cependant, il a l'inconvénient de dégrader le signal audio.

Morano et Stern (1994) et Reynolds et al. (1995) ont testé des systèmes de reconnaissance de la parole et d'identification du locuteur sur des signaux vocaux téléphoniques. Il en est ressorti que la performance de ces derniers diminue avec les enregistrements téléphoniques (vs. enregistrements de haute qualité). Ils précisent que les principales pertes d'information sont dues à la bande passante limitée, à la fréquence d'échantillonnage moins élevée et au bruit supplémentaire.

En parallèle, l'intérêt de cette méthodologie et de ses limites a également été mis en évidence dans le domaine connexe de la détection de pathologies à travers la voix : certaines études ont ainsi utilisé le téléphone pour leurs expérimentations ou comme finalité technologique. Par exemple, Moran et al. (2006) ont évalué les dégradations acoustiques dues au téléphone dans un système de classification automatique des pathologies de la voix, et en particulier du larynx (*e.g.* dysphonies, lésions, nodules, etc.), cela à partir de vocalisations maintenues de [a]. Ils ont montré que 14% de la diminution de performance de leur système de classification était due aux mêmes paramètres que ceux relevés par les études précédentes de Morano et Stern (1994) et Reynolds et al. (1995).

Quant à Mundt et al. (2007), dans le cadre de *Healthcare Technology Systems* (Inc)[2], ils ont relevé l'influence de l'utilisation du téléphone pour l'enregistrement de données à analyser dans le cadre d'une technologie destinée à la détection automatique de la gravité de la dépression. Ils ont trouvé une différence significative entre les données obtenues avec l'utilisation d'un téléphone standard (RTC ou GSM au choix du sujet), par rapport à l'utilisation d'un téléphone fixe RNIS -Réseau Numérique à Intégration de Services- (téléphone numérique, signal codé à 64ko/s). En effet, avec le téléphone standard, les temps de vocalisations, les durées d'enregistrement total et les mesures des pauses sont significativement plus variables, et les intensités du signal sont plus faibles et plus variables. Cela semble affecter la qualité des données vocales recueillies et, en conséquence, la fiabilité et la validité de leurs analyses.

Nous présentons dans la partie suivante la technologie *Voix HD*, nouvellement déployée par les principaux opérateurs de télécommunication, qui pourrait permettre de lever ce verrou technologique.

4 La technologie *Voix HD*

D'un point de vue fonctionnel, la technologie *Voix HD* (voix Haute Définition, ou « voix en bande élargie ») augmente le confort et l'efficacité de la communication par la transmission d'un signal audio de qualité. En téléphonie, la qualité des signaux de parole transportés sur les réseaux de télécommunication est liée :

- au terminal téléphonique lui-même (qualité des écouteurs et du microphone) ;
- aux codecs qui numérisent les signaux et aux réseaux entre l'émetteur et le récepteur de l'appel, influant par exemple sur la fréquence d'échantillonnage, la bande passante et le débit ;
- aux traitements éventuels de correction des défauts (notamment contre le bruit et l'écho).

Dans le cas de cette technologie, la transmission d'une « voix Haute Définition » est possible par la combinaison :

- d'un ensemble de contraintes sur les caractéristiques acoustiques des téléphones concernés (concernant écouteur et microphone, ainsi que la compatibilité avec le codage/décodage d'un signal de bonne qualité) ;
- de l'utilisation du Codeur AMR-WB (*Adaptative Multi-Rate – Wide Band*[3]) ;
- de l'utilisation d'un réseau offrant une QoS (*Quality of Service*) garantie en termes de performance du transport et de disponibilité du service ; et
- de l'utilisation de technologies telles que les systèmes anti-écho et d'atténuation du bruit[4].

Cela implique, à l'heure actuelle, que l'émetteur comme le récepteur de l'appel possèdent un terminal mobile compatible avec la *Voix HD* et utilise le réseau mobile 3G pour avoir une qualité de signal optimale.

---

[2] http://www.healthtechsys.com/

[3] C'est-à-dire codeur adaptatif multi-débits (ici à large bande).

[4] Ces systèmes sont généralement connus en tant que VQE (*Voice Quality Enhancement*).

La technologie *Voix HD* est plus précisément une implémentation de protocoles de communication (qui nécessite actuellement la disponibilité du réseau 3G), qui correspondent à la norme de compression audio ITU-T G.722.2[5] (également normalisé par l'ETSI sous le nom « Codeur AMR-WB »- voir ci-dessus).

Concernant le traitement acoustique de la parole, l'amélioration des valeurs de paramètres acoustiques susceptibles d'être les plus intéressants sont la fréquence d'échantillonnage et la bande passante (Table 1), d'autant plus s'ils sont couplés à un système anti-écho et à une atténuation du bruit (Rodman, 2003 ; GSMAssociation, 2011).

Paramètres	**Téléphone classique**	**Téléphone avec *Voix HD***
Échantillonnage	8 000 Hz	16 000 Hz
Bande Passante	300 à 3400 Hz	50 à 7000 Hz

TABLE 1 – Comparaison de certains paramètres du signal, avec ou sans *Voix HD*.

Cette technologie, développée depuis de nombreuses années, est de plus en plus intégrée aux terminaux téléphoniques. Elle est de surcroît appuyée par les principaux opérateurs de télécommunication, ce qui permet un large déploiement.

Des études clients d'Orange France ont montré un taux de satisfaction de 96% concernant l'utilisation de cette technologie (les trois-quarts des testeurs étant prêts à changer de téléphone pour bénéficier de *Voix HD* (GSMAssociation, 2011)). Si le confort de communication est déjà apprécié par les utilisateurs, la qualité du signal audio pourrait également permettre aux chercheurs en traitement de la parole de bénéficier de cet apport technologique.

5 *Voix HD* : des perspectives prometteuses

Dans le cadre du traitement de la parole pour le maintien à domicile, nous avons identifié une difficulté des expérimentations concernant leur passage à l'échelle. Elle est entre autres liée à la nécessaire utilisation de microphones de qualité. L'alternative du téléphone pour ce passage à l'échelle n'était jusqu'alors pas satisfaisant dans ce cadre, en raison de la forte dégradation du signal acoustique alors enregistré.

La technologie *Voix HD*, en pleine expansion actuellement grâce notamment au soutien des principaux opérateurs de télécommunication, pourrait permettre de lever ce verrou technologique. Elle assure la transmission d'un signal audio de qualité, grâce notamment à une bande de fréquence élargie, un système anti-écho et une atténuation du bruit.

Ainsi, cette technologie pourrait constituer un outil efficace et approprié pour le traitement de la parole chez les personnes âgées.

[5] Cf. Page officielle concernant la norme : http://www.itu.int/rec/T-REC-G.722.2/fr.

Références

GORHAM-ROWAN, M. et LAURES-GORE, J. (2006). Acoustic-perceptual correlates of voice quality in elderly men and women. *In Journal of Communication Disorders*, 39, pages 171–184.

HOOPER, C. R. et CRAIDIS, A. (2009). Normal Changes in the Speech of Older Adults : You've still got what it takes ; it just takes a little longer! *In Perspectives on Gerontology*, 14.

KUMIKO, O., MITSUHIRO, M., ATSUSHI, E., SHOHEI, S. et REIKO, T. (2004). Input support for elderly people using speech recognition. *In IEIC Technical Report*, 104(139), pages 1–6.

LEE, H.R., GAYRAUD, F., HIRSCH, F., et BARKAT-DEFRADAS, M. (2011). Speech dysfluencies in normal and pathological aging : a comparison between Alzheimer patients and healthy eldery subjects. *In the 17th International Congress of Phonetic Sciences (ICPhS)*, Hong-Kong, pages 1174-1177.

LINVILLE, S.E. (1996). The sound of senescence. *In Journal of Voice*, 10(2), pages 190-200.

LINVILLE, S.E. (2002). Source characteristics of aged voice assessed from long-term average spectra. *In Journal of Voice*, 16(4), pages 472-479.

MORAN, R.J., REILLY, R.B. (2006). Telephony-Based Voice Pathology Assessment Using Automated Speech Analysis. *In IEEE Transactions on Biomedical Engineering*, 53(3), pages 468 – 477.

MORENO, P.J. et STERN, R.M. (1994). Sources of degradation of speech recognition in the telephone network, *In Proceedings of IEEE International Conference on Acoustics, Speech, and Signal Processing, ICASSP-94* , vol.1, Adelaide, Australia, Apr 1994, pages 109-112.

MUNDT, J.C., SNYDER, P.J., CANNIZZARO, M.S., CHAPPIE, K., et GERALTS, D.S. (2007). Voice acoustic measures of depression severity and treatment response collected via interactive voice response (IVR) technology. *In Journal of Neurolinguistics*, 20(1), pages 50-64.

GSMAssociation (2011). AMR-WB White Paper. By NTT DoCoMo, FT Group, DT, Ericsson, et Nokia.

PORTET, F., VACHER, M., GOLANSKI, C., ROUX, C. et MEILLON, B. (2011). Design and evaluation of a smart home voice interface for the elderly – Acceptability and objection aspects. *In Personal and Ubiquitous Computing Journal* (accepted).

REYNOLDS, D.A., ZISSMAN, M.A., QUATIERI, T.F., O'LEARY, G.C. et CARLSON, B.A. (1995). The effects of telephone transmission degradations on speaker recognition performance. *In Proceedings of IEEE International Conference on Acoustics, Speech, and Signal Processing, ICASSP-95,* vol.1, Detroit, MI, 9-12 May 1995, pages 329-332.

RODMAN, J. (2003). The effect of bandwidth on speech intelligibility. White paper, POLYCOM Inc., USA.

VACHER, M., FLEURY, A., PORTET, F., SERIGNAT, J.F., et NOURY, N. (2010). Complete Sound and Speech Recognition System for Health Smart Homes: Application to the Recognition of Activities of Daily Living. *In New Developments in Biomedical Engeneering,* Domenico

Campolo (Ed.), pages 645-673.

VACHER, M. (2011). Analyse sonore et multimodale dans le domaine de l'assistance à domicile. Mémoire d'HDR, Spécialité Informatique et Mathématiques Appliquées, Université de Grenoble.

VIPPERLA, R., WOLTERS, M., GEORGILA, K., AND RENALS, S. (2009). Speech input from older users in smart environments : challenges and perspectives. *In Proceedings of the 5th International Conference on Universal Access in Human-Computer Interaction. Part II: Intelligent and Ubiquitous Interaction Environments, UAHCI '09*, Berlin, pages 117–126.

WILPON, J. et JACOBSEN, C. (1996). A study of speech recognition for children and the elderly, *In IEEE Int. Conference on Acoustics, Speech and Signal Processing,* pages 349–352.

ZELLNER KELLER, B. (2006). Ageing and Speech Prosody. *In Speech Prosody 2006,* R. Hoffmann & H. Mixdorff (Eds.), pages 696-701.

Contribution à l'étude de la variabilité de la voix des personnes âgées en reconnaissance automatique de la parole

Frédéric Aman, Michel Vacher, Solange Rossato, François Portet
Laboratoire d'Informatique de Grenoble (UMR 5217), équipe GETALP
41 avenue des Mathématiques,
BP 53 - 38041 Grenoble Cedex 9 - France
{frederic.aman, michel.vacher, solange.rossato, francois.portet}@imag.fr

RÉSUMÉ

L'utilisation de la reconnaissance vocale pour l'assistance à la vie autonome se heurte à la difficulté d'utilisation des systèmes de RAP qui ne sont pas prévus à la base pour la voix âgée. Pour caractériser les différences de comportement d'un système de reconnaissance entre les personnes âgées et non-âgées, nous avons étudié quels sont les phonèmes les moins bien reconnus en nous basant sur le corpus AD80 que nous avons enregistré. Les résultats montrent que certains phonèmes tels que les plosives sont plus spécifiquement affectés par l'âge. De plus nous avons recueilli le corpus spécifique ERES38 afin d'adapter les modèles acoustiques, avec pour résultat une diminution du taux d'erreur de mot de 15%. Malgré la grande variabilité des performances, nous avons caractérisé comment la baisse des performances du système de reconnaissance automatique de la parole peut être corrélée avec la baisse d'autonomie des personnes âgées.

ABSTRACT

Contribution to the study of elderly people's voice variability in automatic speech recognition

Using speech recognition to support ambient assisted living is impeded by the difficulty of using ASR systems that are not provided for the elderly voice. To characterize these differences in speech recognition performance, we studied phoneme categories which lead to the lowest recognition rate in the elderly speakers with respect to the younger ones based on the AD80 corpus that we recorded. The results showed that some phonemes (such as plosives) are more specifically affected by age than others. Moreover, we collected the specific ERES38 corpus to adapt the ASR acoustic model to the elderly population which resulted in a 15% decrease of the word error rate. Despite a great variability of performances, we characterized how lower performance of ASR systems can be correlated to the autonomy degradation of elderly people.

MOTS-CLÉS : reconnaissance automatique de parole, voix des personnes âgées, adaptation acoustique, assistance à la vie autonome.

KEYWORDS: automatic speech recognition, ageing voice, acoustic adaptation, ambient assisted living.

1 Introduction

L'assistance à la vie autonome (ou *Ambient Assisted Living - AAL*) est devenu un enjeu important étant donné la part croissante de la population âgée dans les pays industrialisés. Par contre, il reste encore à l'heure actuelle assez peu de projets qui prennent en compte une interaction vocale de la part de l'utilisateur, par exemple une commande vocale en domotique. Les personnes qui bénéficieraient le plus de ces technologies seraient les personnes en perte d'autonomie, étant donné que le langage naturel est le moyen le plus spontané de communication.

Dans ce contexte, le projet CIRDO [1] auquel participe le LIG vise à favoriser l'autonomie et la prise en charge des personnes âgées par les aidants au travers d'*e-lio*, un produit de télélien social augmenté et automatisé. *e-lio* est un système de communication en visiophonie s'adaptant au degré d'autonomie de son utilisateur. *e-lio* permet l'accès à de nombreux services interactifs : visiophonie, téléphonie, messages, partage de photos, rappels automatiques, appels d'urgence, agenda partagé, plateforme domotique, entraînement de la mémoire et de l'attention, etc. L'objectif du projet CIRDO est d'y intégrer un système de Reconnaissance Automatique de la Parole (RAP) qui inclura une détection des signaux de détresse ainsi que des commandes vocales en complément de la télécommande.

L'utilisation de la reconnaissance vocale pour l'assistance à la vie autonome se heurte à la difficulté d'utilisation des systèmes de RAP qui ne sont pas prévus à la base pour la voix âgée. En effet, du fait de certaines caractéristiques spécifiques de la voix âgée, un travail d'adaptation des systèmes de RAP a dû être réalisé. De fait, la parole âgée se caractérise notamment par des tremblements de la voix, une production imprécise des consonnes, et une articulation plus lente (Ryan et Burk, 1974). Du point de vue anatomique, des études ont montré des dégénérescences liées à l'âge avec une atrophie des cordes vocales, une calcification des cartilages du larynx, et des changements dans la musculature du larynx (Takeda *et al.*, 2000; Mueller *et al.*, 1984). De plus, des changements dans les capacités de contrôle moteur de la voix au niveau cognitif modifient la production de la parole tout au long de la vie (Hooper et Cralidis, 2009). D'autres études (Georgila *et al.*, 2008) ont montré que lors de l'interaction avec un système de dialogue - incluant une RAP et une synthèse vocale - les personnes âgées utilisent, par rapport aux personnes jeunes, un vocabulaire plus riche et des phrases plus longues, et emploient plus fréquement des expressions d'interaction sociale telles que "au revoir" ou "merci", comme s'il s'agissait d'une interaction humain/humain. Du fait que les modèles acoustiques des systèmes de RAP sont appris majoritairement sur de la voix non-âgée, on observe donc une augmentation significative du taux d'erreurs de mots pour la voix des personnes âgées par rapport à la voix des adultes non-âgés (Baba *et al.*, 2004; Vipperla *et al.*, 2008, 2010; Aman *et al.*, 2012).

Afin d'améliorer le module de décodage acoustico-phonétique dans un système de RAP et de l'adapter à la voix des personnes âgées, une première analyse a consisté à étudier les phonèmes qui étaient mal reconnus pour les personnes âgées. Cette analyse, présentée dans la section 2, a permis d'extraire les phonèmes qui semblent plus problématiques à reconnaître que d'autres lors du décodage acoustico-phonétique. Nous avons réalisé une adaptation du modèle acoustique, détaillée en section 3. Nous montrons en section 4 que l'âge n'est pas le facteur déterminant sur la baisse des performances du système de RAP, mais que le niveau de dépendance de la personne âgée joue un rôle important. Nous concluons et présentons les perspectives de recherche en section 5.

1. http://liris.cnrs.fr/cirdo/

2 Détermination des phonèmes difficiles à reconnaître

2.1 Le corpus de test AD80

Afin d'évaluer le comportement du système de RAP sur la voix âgée, nous avons utilisé le corpus *Anondin-Détresse 80* (*AD80*). Ce corpus, enregistré par le laboratoire LIG, est spécifique au domaine de la domotique et à la détection d'appels de détresse. Ce corpus est constitué de l'enregistrement de 57 locuteurs (22 hommes et 35 femmes) âgés de 20 à 94 ans. Il a été demandé aux participants de lire une liste de 126 énoncés courts de la vie quotidienne ou caractéristiques d'un appel de détresse (ex : "Il fait chaud" ou "Aidez-moi"). Dans le cadre de l'application envisagée, nous cherchons essentiellement à reconnaître ce type d'énoncés correspondant à des ordres domotiques ou des appels à l'aide.

Le corpus *AD80* est constitué de deux groupes :
- Le groupe *voix non-âgées*, constitué de 21 locuteurs âgés de 20 à 65 ans enregistrés à Grenoble dans notre laboratoire en 2004. Tous les locuteurs étaient actifs professionnellement ou étudiants. Cette première partie a été enregistrée lors d'études relatives à la reconnaissance d'appels de détresse dans un Habitat Intelligent pour la Santé (HIS) (Vacher *et al.*, 2006), ce qui explique pourquoi il s'agit d'énoncés courts. Le texte de ces énoncés a ensuite été utilisé pour des évaluations en milieu réel en parole distante dans un appartement équipé de microphones (Vacher *et al.*, 2008).
- Le groupe *voix âgées*, constitué de 36 locuteurs âgés de 62 à 94 ans enregistrés dans un hôpital et à domicile à Grenoble en 2010 ainsi que dans un centre de rétablissement et dans une maison de retraite dans le département du Gard en 2012. Les locuteurs étaient à la retraite, et pour certains en situation de dépendance.

Au final, le corpus *AD80* est formé de 6 848 phrases annotées, avec 2 heures et 3 minutes d'enregistrements audio (cf. Table 1).

Corpus AD80	Nombre locuteurs	Age min-max	Durée	Nombre phrases
Groupe voix non-âgées	21	20-65	38min	2646
Groupe voix âgées	36	62-94	1h25min	4202
Total	57	20-94	2h03min	6848

TABLE 1 – Caractéristiques du corpus AD80

2.2 Le système de RAP

Le système de RAP choisi pour notre étude est Sphinx3 (Seymore *et al.*, 1998). Ce décodeur utilise un modèle acoustique dépendant du contexte avec chaînes de Markov cachées 3 états. Les vecteurs acoustiques sont composés de 13 coefficients MFCC, le delta et le double delta de chaque coefficient. Le modèle acoustique que nous utilisons a été entraîné sur le corpus *BREF120* (Lamel *et al.*, 1991) qui est composé de 100 heures de parole annotées enregistrées auprès de 120 locuteurs français. Nous avons appelé ce modèle le *modèle acoustique générique*.

Un modèle de langage spécialisé a été utilisé. Ce modèle a été construit à partir des transcriptions des phrases du corpus *AD80*, dont il a résulté un modèle de langage restreint, de type trigramme, avec un vocabulaire d'environ 160 mots.

2.3 Comparaison des taux d'erreurs de mots et des scores d'alignements forcés entre les groupes voix âgées et voix non-âgées

Afin d'évaluer l'effet de la voix âgée sur la performance de la RAP en utilisant le *modèle acoustique générique*, nous avons comparé le taux d'erreurs de mots (ou *Word Error Rate - WER*) entre les groupes. Nous avons obtenu un WER de 7,33% pour le décodage sur le groupe *voix non-âgées*, et un WER de 27,56% pour le décodage sur le groupe *voix âgées*. Ainsi, nous avons observé une importante dégradation du système de RAP pour la voix des personnes âgées, avec une différence absolue de 20,23%.

Pour aller plus loin dans l'analyse, nous avons réalisé un alignement forcé sur ces deux groupes. L'alignement forcé consiste à convertir les transcriptions de référence en suites de phonèmes calés sur les données audio en utilisant un dictionnaire phonétique. L'alignement forcé a permis d'obtenir les scores d'alignement par phonème. Ceux-ci sont des scores de vraisemblance d'appartenance au phonème normalement prononcé pour la portion de signal considérée. Ce score peut être interprété comme une proximité avec la prononciation "standard", modélisée par le *modèle acoustique générique*. Le score exprime le logarithme d'une vraisemblance, il est inférieur ou égal à zéro, et plus il est faible, plus le phonème associé est éloigné du modèle acoustique.

Les scores sont présentés sur la Figure 1 selon la catégorie phonémique.

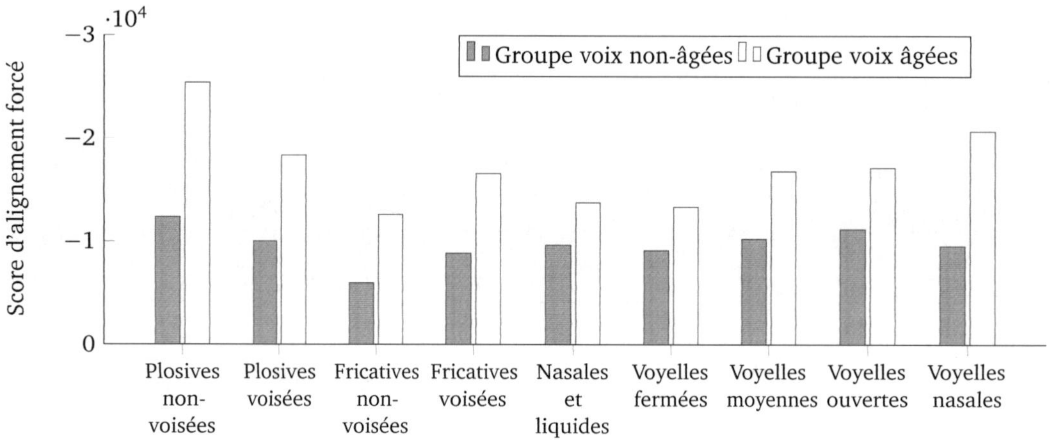

FIGURE 1 – Score d'alignement forcé par catégorie phonémique avec le *modèle acoustique générique* pour les groupes *voix non-âgées* et *voix âgées*

Pour le groupe *voix non-âgées*, certains phonèmes montrent des valeurs plus faibles du score d'alignement, tels que les plosives ou les voyelles ouvertes. D'autres sons, à l'inverse, sont plus proches des représentations de modèle acoustique : les fricatives.

Pour le groupe *voix âgées*, les scores d'alignement sont moins élevés que ceux obtenus pour le groupe *voix non-âgées*. En effet, le vieillissement provoque une moins bonne maîtrise du système articulatoire, et la prononciation des personnes âgées s'éloigne donc du modèle acoustique. Les consonnes plosives et les voyelles nasales sont les phonèmes nécessitant le plus de contrôle moteur et sont les plus difficiles à articuler. Ceci se traduit au niveau des scores d'alignement, les plus bas sont obtenus pour les consonnes plosives et les voyelles nasales.

Les écarts de scores les plus importants par catégorie phonémique sur le groupe *voix âgées* par rapport au groupe *voix non-âgées* ont permis de caractériser quels sont les phonèmes posant le plus de problèmes pour la RAP des voix âgées. Les différences relatives de scores observées entre les deux groupes ont été calculées. Les catégories phonémiques sont par ordre descendant de différence : les voyelles nasales (-117,00%), les consonnes fricatives non-voisées (-110,56%), les consonnes plosives non-voisées (-105,72%), les consonnes fricatives voisées (-87,86%), les consonnes plosives voisées (-83,29%), les voyelles moyennes (-63,74%), les voyelles ouvertes (-53,21%), les voyelles fermées (-45,52%), et les consonnes nasales et liquides (-42,65%). En se basant sur les différences relatives, les catégories phonémiques les plus affectées pour la parole âgée sont les voyelles nasales, et les consonnes fricatives et plosives. Aussi, nous pouvons noter que globalement les consonnes sont plus affectées que les voyelles. De plus, l'absence de voisement est le principal facteur de dégradation, suivie par la modalité de réalisation (plosives et fricatives). Ainsi, il serait possible que, en ce qui concerne les personnes âgées, les consonnes non voisées soient plus proches des consonnes voisées.

Ces résultats sont similaires à ceux obtenus par (Privat *et al.*, 2004) qui ont trouvé une dégradation de la RAP entre voix âgée et voix non-âgée avec une différence relative très proche de celle que nous avons obtenue pour chaque catégorie phonémique, excepté pour les consonnes nasales et liquides et pour les voyelles nasales où leur système était moins performant que le notre.

3 Adaptation acoustique

3.1 Recueil du nouveau corpus ERES38

Étant donnée la baisse de performance du système de RAP pour la voix âgées, nous avons enregistré un nouveau corpus de parole de personnes âgées en vue de l'amélioration du modèle acoustique grâce à une méthode d'adaptation acoustique. Les principales étapes de l'étude sont résumées Figure 2.

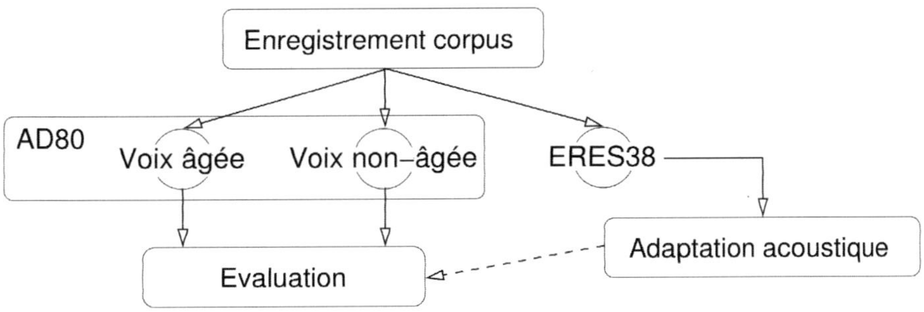

FIGURE 2 – Principales étapes de l'étude

Le corpus constitué est un ensemble d'entretiens. Chaque entrevue met en relation une personne âgée avec deux expérimentateurs dont l'un se fait l'interlocuteur privilégié. Le matériel utilisé pour les enregistrements était un enregistreur TASCAM DR-100 avec un microphone à condensateur unidirectionnel placé à proximité et en direction de la personne âgée. Une première partie introductive permet de récupérer les informations personnelles ainsi que les habitudes linguistiques du locuteur. Cette phase d'habituation avec le matériel d'enregistrement permet d'établir le passage vers une parole un peu plus informelle et spontanée pour recueillir le récit de vie de la personne, incluant une description des activités quotidiennes et de leur habitat, un récit d'accidents éventuels et des anecdotes. Une activité de lecture est également proposée lors de cet entretien. Le support choisi est un article de jardinage créé par les expérimentateurs dans le but de cibler les phonèmes problématiques. Les plosives et fricatives non voisées ont été introduites de façon à se retrouver en contexte /a/, /i/ et /u/.

Le corpus est constitué de 17 heures et 44 minutes d'enregistrements (cf. Table 2) avec 24 locuteurs (16 femmes et 8 hommes) dont l'âge varie de 68 à 98 ans, incluant 48 minutes de lectures par 22 locuteurs. Ces locuteurs sont issus de structures spécifiques pour personnes âgées, foyers logements ou maisons de retraite. Les entretiens ont été effectués avec des personnes plus ou moins autonomes, sans déficience cognitive, parfois avec de sérieuses difficultés motrices, mais sans handicap lourd.

Corpus ERES38	Nombre locuteurs	Age min-max	Durée	Nombre phrases
Lecture de texte	22	68-98	16h56min	300
Parole spontanée	24	68-98	48min	7300
Total	24	68-98	17h44min	7600

TABLE 2 – Caractéristiques du corpus ERES38

Les enregistrements des entretiens ont commencé à être transcrits, et toutes les lectures ont été transcrites et vérifiées. Ces données annotées et structurées constituent le corpus *Entretiens RESidences 38* (*ERES38*).

3.2 Adaptation MLLR

La méthode d'adaptation de régression linéaire du maximum de vraisemblance (*Maximum Likelihood Linear Regression* ou *MLLR*) a été utilisée pour adapter le *modèle acoustique générique*, appris sur *BREF120*, à la voix des personnes âgées. L'adaptation a été faite globalement avec l'ensemble des lectures du corpus *ERES38*. Nous avons ainsi obtenu un nouveau modèle acoustique appelé *modèle acoustique adapté par MLLR*.

A partir du corpus *AD80*, un premier décodage a été fait sur le groupe *voix âgées* en utilisant le *modèle acoustique générique*. Puis un second décodage a été effectué sur ce même groupe avec le *modèle acoustique adapté par MLLR*. Le but était de voir dans quelle mesure est la différence de WER avec l'utilisation de l'un ou l'autre des modèles, avec l'hypothèse que le WER avec le groupe *voix âgées* issu du décodage avec le *modèle acoustique adapté par MLLR* serait proche du WER avec le groupe *voix non-âgées* issu du décodage avec le *modèle acoustique générique*. En outre, nous avons réalisé un décodage avec le *modèle acoustique adapté par MLLR* sur le groupe *voix non-âgées* afin de tester la spécificité de l'adaptation.

La Figure 3 montre que l'utilisation du *modèle acoustique adapté par MLLR* a permis de réduire le WER pour tous les locuteurs du groupe *voix âgées*. Avec l'adaptation MLLR globale, le WER est de 11,95%. Comparé au WER de 27,56% sans adaptation, la différence absolue est de -15,61% (différence relative de -56,65%). D'un point de vue applicatif, cela montre que l'on peut utiliser une base de parole âgée pour l'adaptation MLLR dont les locuteurs sont différents de ceux de la base de test. Cela démontre que les voix des personnes âgées ont des caractéristiques propres communes. De plus, nous voyons que l'utilisation d'un corpus de petite taille (48 minutes de lecture par 22 locuteurs du corpus *ERES38*) pour l'adaptation MLLR globale est suffisante pour donner une amélioration significative avec un WER de 11,95%, proche du WER de 7,33% trouvé dans le cas du décodage de la parole non-âgée.

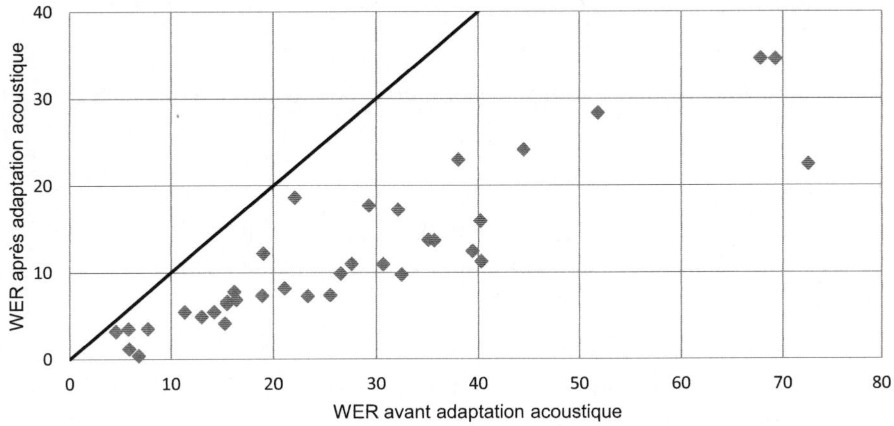

FIGURE 3 – WER avec adaptation acoustique MLLR en fonction du WER sans adaptation. La droite représente la fonction identité

De plus, nous avons obtenu un WER de 10,39% lors du décodage sur le groupe *voix non-âgées* avec le *modèle acoustique adapté par MLLR*. Cela représente une dégradation relative de 43,75% comparée au WER de 7,33% pour le décodage avec le *modèle acoustique générique* sur le même groupe. Il est donc convenu que le *modèle acoustique adapté par MLLR* est spécifique à la RAP sur la population âgée.

4 Relation entre l'autonomie des personnes âgées et la RAP

Le WER issu du décodage sur le groupe *voix âgées* avec le *modèle acoustique adapté par MLLR* est représenté en fonction de l'âge sur la Figure 4. Nous observons par la dispersion des points des locuteurs représentés que l'âge est un mauvais indicateur du WER. De plus, nous avons calculé la corrélation de Pearson entre les variables "WER après adaptation acoustique" et "Age". Nous avons trouvé un score de corrélation de -0,053 (p = 0,759%) prouvant que le WER et l'âge ne sont pas corrélés. En conséquence, nous avons cherché si d'autres paramètres relatifs à la dépendance peuvent être des indicateurs de la performance du système de RAP.

Nous avons fait l'hypothèse que la dégradation physique et psychique affecte la production de la parole et donc les performances de la RAP. Nous avons pris pour référence un test national relatif à l'autonomie des personnes âgées : la grille AGGIR (Autonomie Gérontologie Groupes

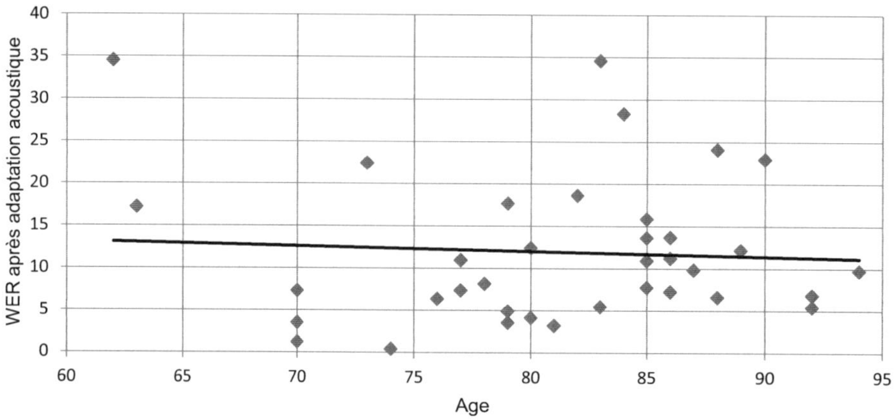

FIGURE 4 – WER après adaptation acoustique MLLR en fonction de l'âge, avec la droite correspondant à la régression linéaire

Iso-Ressources) [2]. Pour 29 locuteurs âgés en établissement que nous avions enregistrés pour la constitution du corpus *AD80*, nous avons complété pour chacun d'entre eux une grille AGGIR avec l'aide du personnel soignant.

La grille AGGIR est un outil d'évaluation du degré de perte d'autonomie et de dépendance, en terme de dégradation physique et psychique, pour l'attribution de l'Allocation Personnalisée d'Autonomie (APA), qui est une aide financière pour les personnes âgées dépendantes en France. L'évaluation est faite à partir de 17 variables. Dix variables se réfèrent à la perte d'autonomie physique et psychique : cohérence, orientation, toilette, habillage, alimentation, élimination, transferts (se lever, se coucher, s'asseoir), déplacement à l'intérieur, déplacement à l'extérieur, et communication à distance. Sept variables se rapportent à la perte d'autonomie domestique et sociale : gestion personnelle de son budget et de ses biens, cuisine, ménage, transports, achats, suivi du traitement, et activités de temps libre. Chaque variable est codée par A (fait seul), B (fait partiellement) ou C (ne fait pas). Le score GIR (Groupe Iso-Ressources) est calculé à partir des variables afin de classer les personnes âgées dans un des six groupes : de GIR 1 (dépendance totale) à GIR 6 (autonomie totale). Les personnes classées de GIR 1 à GIR 4 sont autorisées à recevoir une aide financière selon leur degré de dépendance.

Nous avons regardé si le score GIR est représentatif de la performance de la RAP. Le WER des 29 participants testés sont représentés en fonction de leur score GIR en Figure 5. Quatre locuteurs sont GIR 2, deux locuteurs sont GIR 3, quinze locuteurs sont GIR 4 et huit locuteurs sont GIR 6. Aucun locuteur n'est représenté en GIR 1 et GIR 5. Nous observons en Figure 5 que le score GIR pourrait avoir une influence sur le WER, avec une baisse du WER en fonction de l'augmentation du score GIR, sauf pour GIR 2.

Du fait du faible nombre de locuteurs en GIR 2 et GIR 3, nous avons rassemblé ces deux groupes en un groupe nommé GIR 2-3. Puis nous avons avons réalisé une ANOVA sur GIR 2-3, GIR 4 et GIR 6 pour vérifier si le score GIR pourrait avoir un effet significatif sur le WER. Nous avons trouvé les résultats suivants : $F(DDL, DDL_{error}) = F(2, 26) = 3{,}7$; $p < 0.05\%$, prouvant qu'il y a au moins une distribution dont la moyenne diffère des autres moyennes. Nous avons réalisé un

2. http ://vosdroits.service-public.fr/F1229.xhtml

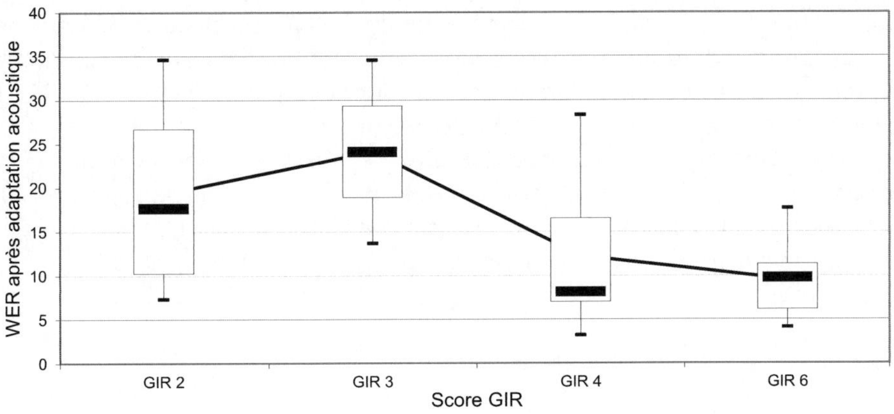

FIGURE 5 – WER avec adaptation acoustique MLLR en fonction du score GIR

test post-hoc de Bonferroni afin de caractériser quels groupes sont significativement différents de quels autres groupes. Le test post-hoc a révélé que les groupes extrêmes GIR 2-3 et GIR 6 ont un effet significativement différent sur le WER, et que GIR 4 n'a pas une influence significativement différente sur le WER par rapport aux autres groupes.

De plus, nous avons réalisé une étude préliminaire (que nous détaillerons dans un prochain article) sur les corrélations entre le WER et chacun des 17 paramètres de la grille AGGIR. Il semblerait que les paramètres concernant le contrôle moteur des membres supérieurs et la continence pourrait être les plus corrélés au WER. En effet, ces paramètres pourraient être représentatifs d'une dégradation physique généralisée avancée affectant également le contrôle de la voix, et donc diminueraient la performance du système de RAP. Une perspective pourrait être de permettre une prédiction du WER en se basant sur les caractéristiques de dépendance des personnes âgées.

5 Conclusion

Cet article présente notre étude sur le comportement d'un système de RAP vis-à-vis de la voix âgée. Étant donné l'absence de corpus contenant de la voix de personnes âgées de langue française utilisable pour la création ou l'adaptation des modèles, nous avons procédé à l'enregistrement du corpus *AD80*. A partir de ce corpus, nous avons analysé quels étaient les phonèmes pour la voix âgée posant le plus problème au système de RAP. Nous avons pu déterminer que leur éloignement par rapport à la prononciation modélisée par les modèles acoustiques provoque une augmentation du WER du système de RAP, avec une différence absolue entre voix non-âgée et âgée de 20,23%. Ensuite, nous avons procédé à l'adaptation du *modèle acoustique générique* à la voix des personnes âgées, grâce à la méthode d'adaptation MLLR, à partir du corpus *ERES38*. Le cas de l'adaptation MLLR globale est intéressante car avec moins d'une heure d'enregistrements, à partir de locuteurs différents des locuteurs de test, nous avons obtenu des taux d'erreurs de mots proches du cas d'une reconnaissance avec le *modèle acoustique générique* de parole non-âgée, avec un WER de 11,95%, contre 27,56% avant adaptation. De plus, nous avons montré que le WER n'est pas corrélé avec l'âge mais pourrait être corrélé avec le niveau de dépendance de la personne âgée du fait d'une dégradation physique générale. La continuation de notre travail sera de réaliser une adaptation au locuteur et de montrer comment les différents paramètres de la grille AGGIR sont corrélés au WER. La prédiction du comportement du système de RAP permettra de faciliter l'utilisation de ces nouvelles technologies dans la vie quotidienne des personnes âgées dépendantes. Aussi, nous allons étudier dans quelle mesure les sons non verbaux (inspirations, bruits de bouche) ainsi que les hésitations et les défauts d'articulation sont plus fréquents chez les personnes âgées, et une prochaine étape de notre travail sera de prendre en considération ces phénomènes pour la construction des modèles acoustiques et de langage.

Remerciements

Cette étude a été financée par l'Agence Nationale de la Recherche dans le cadre du projet CIRDO-Recherche Industrielle (ANR-2010-TECS-012). Nous remercions particulièrement Remus Dugheanu, Juline le Grand, Yuko Sasa, Claude Aynaud et Quentin Lefol pour leur active contribution, ainsi que les différentes personnes âgées et le personnel soignant qui ont accepté de participer aux enregistrements.

Références

AMAN, F., VACHER, M., ROSSATO, S., DUGHEANU, R., PORTET, F., LE GRAND, J. et SASA, Y. (2012). Étude de la performance des modèles acoustiques pour des voix de personnes âgées en vue de l'adaptation des systèmes de RAP. *In JEP*, Grenoble, France.

BABA, A., YOSHIZAWA, S., YAMADA, M., LEE, A. et SHIKANO, K. (2004). Acoustic models of the elderly for large-vocabulary continuous speech recognition. *Electronics and Communications in Japan, Part 2*, 87:49–57.

GEORGILA, K., WOLTERS, M., KARAISKOS, V., KRONENTHAL, M., LOGIE, R., MAYO, N., MOORE, J. et WATSON, M. (2008). A fully annotated corpus for studying the effect of cognitive ageing on users' interactions with spoken dialogue systems. *In Proceedings of the 6th International Conference on Language Resources and Evaluation*, Marrakech, Morocco.

HOOPER, C. et CRALIDIS, A. (2009). Normal changes in the speech of older adults : You've still got what it takes ; it just takes a little longer ! *Perspectives on Gerontology*, 14:47–56.

LAMEL, L., GAUVAIN, J. et ESKENAZI, M. (1991). BREF, a large vocabulary spoken corpus for french. *In Proceedings of EUROSPEECH 91*, volume 2, pages 505–508, Geneva, Switzerland.

MUELLER, P., SWEENEY, R. et BARIBEAU, L. (1984). Acoustic and morphologic study of the senescent voice. *Ear, Nose, and Throat Journal*, 63:71–75.

PRIVAT, R., VIGOUROUX, N. et TRUILLET, P. (2004). Etude de l'effet du vieillissement sur les productions langagières et sur les performances en reconnaissance automatique de la parole. *Revue Parole*, 31-32:281–318.

RYAN, W. et BURK, K. (1974). Perceptual and acoustic correlates in the speech of males. *Journal of Communication Disorders*, 7:181–192.

SEYMORE, K., STANLEY, C., DOH, S., ESKENAZI, M., GOUVEA, E., RAJ, B., RAVISHANKAR, M., ROSENFELD, R., SIEGLER, M., STERN, R. et THAYER, E. (1998). The 1997 CMU Sphinx-3 English broadcast news transcription system. *In DARPA Broadcast News Transcription and Understanding Workshop*, Lansdowne, VA, USA.

TAKEDA, N., THOMAS, G. et LUDLOW, C. (2000). Aging effects on motor units in the human thyroarytenoid muscle. *Laryngoscope*, 110:1018–1025.

VACHER, M., FLEURY, A., SERIGNAT, J., NOURY, N. et GLASSON, H. (2008). Preliminary Evaluation of Speech/Sound Recognition for Telemedicine Application in a Real Environment. *In 9th International Conference on Speech Science and Speech Technology (InterSpeech 2008)*, volume 1, pages 496–499, Brisbane Convention & Exhibition Centre (BCEC), Brisbane (Australia). Australasian Speech Science and Technology Association (ASSTA).

VACHER, M., SERIGNAT, J.-F., CHAILLOL, S., ISTRATE, D. et POPESCU, V. (2006). Speech and Sound Use in Remote Monitoring System for Health Care. *In* Faculty of INFORMATICS, M. U., éditeur : *9th International Conference on Text, Speech and Dialogue (TSD 2006)*, volume 4148 de *LNCS - LNAI*, pages 711–718, Faculty of Informatics, Masaryk University, Brno (Czech Republic).

VIPPERLA, R., RENALS, S. et FRANKEL, J. (2008). Longitudinal study of ASR performance on ageing voices. *Interspeech*, pages 2550–2553.

VIPPERLA, R., RENALS, S. et FRANKEL, J. (2010). Ageing voices : The Effect of Changes in Voice Parameters on ASR Performance. *EURASIP Journal on Audio, Speech, and Music Processing*.

Index